课题名称：广西教育科学“十四五”规划2022年度英语学科核心素养研究专项课题“基于电子档案袋的广西中小学英语教学评价改革与实证研究”（课题编号：2022ZJY1290）

基于OBE理念的高职英语教学体系构建研究

唐 丽 著

中国商业出版社

图书在版编目（CIP）数据

基于OBE理念的高职英语教学体系构建研究 / 唐丽著. 北京 ： 中国商业出版社, 2024. 12. -- ISBN 978-7-5208-3277-9

Ⅰ. H319.3

中国国家版本馆CIP数据核字第20247MK554号

责任编辑：王　静

中国商业出版社出版发行

（www.zgsycb.com 100053 北京广安门内报国寺1号）

总编室：010-63180647 编辑室：010-83114579

发行部：010-83120835/8286

新华书店经销

定州启航印刷有限公司印刷

*

710 毫米 ×1000 毫米　16 开　9.5 印张　155 千字

2024 年 12 月第 1 版　2025 年 6 月第 1 次印刷

定价：88.00 元

*　*　*　*

（如有印装质量问题可更换）

前言

高职英语教学不仅以传授语言知识为目的，还注重对学生英语职业技能的培养和英语应用能力的提升，这种教学需求和教育目标促使教育者和政策制定者寻求更有效的教育理念和教学模式去提升高职英语教学质量，以满足经济发展和社会进步对高职人才培养提出的新要求。成果导向教育（Outcome-based Education，OBE）理念以学生能够达到的预定成果为核心，强调教育活动的设计、实施和评价应围绕预期的学习成果展开，这为高职英语教学提供了一种全新的教育思路。以 OBE 理念为指导进行高职英语教学能够确保每位学生都能通过教育获得必要的知识和技能，从而满足社会和职场的具体需求。近年来，结合 OBE 理念进行高职英语教学改革逐渐成为教育研究的重点领域，本书正是基于这样的背景编写而成。

本书共分为六章。第一章重点介绍了 OBE 理念的起源，分析了该理念的特征和应用，使读者全面地了解 OBE 理念，并学习如何应用。第二章介绍了高职英语教学的内容、特征和原则，分析了高职英语教学与 OBE 理念的契合之处，为接下来 OBE 理念应用于高职英语教学的探讨奠定了基础。第三章聚焦基于 OBE 理念的高职英语课堂教学，介绍了 OBE 理念下高职英语课堂教学模式、课堂教学设计和校本课程开发。第四章讨论了基于 OBE 理念的高职英语实践教学，论述了 OBE 理念下高职英语实践教学基地建设、实践教学模式以及实践教材开发的策略和方法。第五章阐述了基于 OBE 理念的高职英语教学评价体系的构建，讨论了构建这一评价体系的必要性、原则、途径和实践，为提升教学质量和学习成果提供可测量的反馈与参考。第六章结合广西高职教育案例，进行了基于 OBE 理念的广西高职教育实践探索，以期给读者提供一些有益的参考。

本书的特点：第一，主题内容紧贴当前教育领域的研究趋势，通过 OBE 理念与高职教育结合的探索，能让读者清晰地了解高职英语应用 OBE 理念教学的前沿知识；第二，在结构上进行了精心设计，从 OBE 理念的基本概述到具体的教学模式、教学实践以及评价体系的构建，章节之间循序渐进，帮助读者系统全面地掌握基于 OBE 理念的高职英语教学的知识；第三，理论与实践相结合，既有理论探索，也有实践指导。

通过深入探讨 OBE 理念在高职英语教学中的应用，本书可为高职英语教育工作者、教育政策制定者以及高职英语专业学生提供一定的参考和指导，帮助读者全面理解并有效实施基于 OBE 理念的教学，最终提升高职英语教学的质量和效果。

唐丽

2024 年 6 月

目录

第一章　OBE 理念概述

第一节　OBE 理念的起源

一、OBE 理念的产生

成果导向教育（Outcome-based Education, OBE）是一种以学生学习成果为中心的教育理念。该理念认为教育的核心目标是学生通过教育过程所获得的学习成果，即教学设计和教学实施都应围绕学生毕业后具备的能力展开，要注重学生学习之后可以运用知识做什么，而不是在知识本位理念下，让学生知道学了什么。

OBE 理念最初由美国学者威廉·斯帕迪（William G. Spady）于 1981 年提出。当时，传统教育模式因侧重教学内容和教师的教法，而忽视了学生实际获得的能力和素养，教育无法有效地支撑个体的生活和职业发展。斯帕迪敏锐地洞察到这种方式的局限性，对教育成果所应具备的实用性与价值进行了思考，提出了以学习成果为导向的全新教育理念。OBE 理念提出后很快引起了广泛关注，尤其在教育改革领域，它为重新审视教育目标提供了新的视角。

斯帕迪后来又撰写多篇论文对该理论进行阐释，开启了后续 OBE 理论的系统化发展。经过大约 10 年的实践与理论发展，OBE 逐渐形成了系统的理论体系。1994 年，斯帕迪出版了《基于产出的教育模式：争议与答案》（*Outcome-based Education*：*Critical Issues and Answers*）一书。在书中，斯帕迪系统阐述了 OBE 理念，将 OBE 理念定义为“围绕某一阶段学习结束后所有学生能够获得的关键结果，清楚地聚焦和组织教学活动安排的一种教育模式”。这一理念强调了以学生学习成果为中心的重要性，为教育者重新思考教育目标和教学设计提供了全新的视角。之后，其他学者也进行了研究，并提出了类似的观点，他们认为“能力”和“结果”是高等教育中衡量教育产出结果的重要指标，也是评价学生能力的重要指标。这些研究也推动 OBE 理念成为美国、英国、加拿大等多个国家教育改革的主流理念。

二、OBE 理念在我国的引入与发展

OBE 作为一种先进的教学理念，其影响力逐渐在全球范围内增强。自 2000 年起，美国工程技术教育认证委员会（ABET）开始实施基于 OBE 的认证模式，强调以成果为导向、以学生为中心、持续改进的教育理念。自 2013 年后，我国积极推动高等教育的改革，逐步引入并实施 OBE 理念。我国高等教育逐步从以知识传授为核心的传统模式，转向更注重学生实际能力培养和成果达成的模式，教师在教学中更加注重学生的能力培养和学习结果的评估，确保学生能够通过教育过程获得实质性的成果。我国学者也围绕 OBE 理念进行了越来越多的理论与实践方面的探索。OBE 理念的引入为我国教育改革提供了宝贵的经验，也为我国高等教育的现代化发展注入了新的动力。

三、OBE 理念的内容框架

1994 年，斯帕迪在他的著作中提出了 OBE 的金字塔模型，这一模型的提出标志着 OBE 理论的成熟与系统化，也构成了 OBE 理念的内容框架。

该金字塔模型由五个层次构成：一个执行范例、两个关键目的、三个基本前提、四项执行原则、五个通用领域实践。如图 1-1 所示。这一模型为学校实施 OBE 理念指导下的教育提供了明确的指导，强调在具体化教学目标和实施策略时，应避免误解或扭曲其本质。

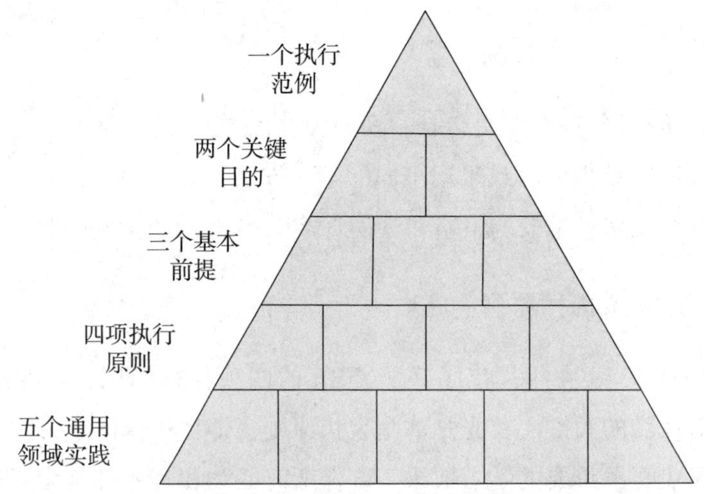

图 1-1　OBE 理念的金字塔模型

（一）一个执行范例

在成果导向教育中，范例定义了达到与实现教育愿景的具体方法。教育的愿景不仅关注学生的学习成果和学习是否成功，而且强调这些要素比学习的具体时间和方法更重要。执行范例的核心在于创造一个环境，强调 OBE 的实施应从一个明确的框架开始，清楚地定义学生应达到的能力目标，随后通过教育行政、课程设计、教学方法、评估体系及支持系统来全面推动学生实现这些目标，让每个学生都掌握预期的能力，实现预期的发展。

（二）两个关键目的

斯帕迪在 1994 年明确了 OBE 的两个主要目的。第一个目的是建构成果蓝图，即建立一个明确的学习成果框架，明确指出哪些是必须掌握的知识、能力和素养，确定哪些指标是学生在毕业前应该具备的条件和能力。第二个目的是营造成功的学习环境和提供学习的机会，确保每个学生都能在这种适宜的条件下达到预期的学习成果。

（三）三个基本前提

OBE 的三个基本前提包括：所有学生都能学习并获得成功，他们可能不能同时获得成功或采用不同的学习方法；成功的经验能促进学生进一步获得成功；学校的策略和行动直接影响学生的学习成效。

（四）四项执行原则

斯帕迪在 1994 年提出了实施 OBE 的四项执行原则，这些原则是确保教育成功的关键。首先是清晰聚焦原则，即目标要清晰，教育实践应明确聚焦至关重要的学习成果，确保所有活动和资源都是为了达成这些学习成果而配置的。这项原则是四项执行原则中最重要的，也是最不可缺少的原则。其次是扩展机会原则，即为所有的教师和学生扩展获取成功的机会并提供必要的支持，学校的职责就在于为学生提供合适的工具和环境，以帮助他们找到成功的方法，使他们能够实现和达到教育目标。再次是高度期望原则，对所有学生持有高度的期望，坚信每个学生都有能力获得成功。最后是反向设计原则，强调从最终期望的高峰成果开始规划，以最终想要达到的目标为目标，逆向设计教学过程和评估标准，从而确保教学活动能有效支持学生实现这些目标。

（五）五个通用领域实践

斯帕迪强调了 OBE 实施中五个关键的通用领域实践。第一，成果设定。必须清晰并明确地定义教育成果。这些成果包括关键成果、具体成果、评价标准及绩效指标，教育活动大多以此为导向，因此目标成果必须明确，这是第一个关键的实践。第二，课程设计。应设计整合课程结构、教学方法、评估和认证的课程，强调与实际生活情境相结合的跨学科和跨年级课程，这是确保实现成果的保障。第三，教学授课。教学应侧重学生的具体产出和能力培养，鼓励学生进行批判性思维、沟通、推理、评价、反馈和实际行动，这是决定能否实现最终成果的关键实践。第四，结果评价。对于教育结果要采用多元化评价方法，强调以达到最高成就标准为目标，评价的焦点在于学生能力的展现，而非简单比较学生之间的差异或者以学生所学知识为考核依据。第五，逐步进阶。OBE 强调为所有教职员工和学生提供成功的学习和教学机会，学生在追求高峰成果的过程中，通过设定多个阶段性的子目标，逐步实现成功。

通过细化每一个实践环节的操作，不仅能确保教育过程更加明确、系统化，还能确保教育最终目标的实现，从而更有效地促进学生的能力发展。

通过这个金字塔模型可以看出，OBE 是一种面向未来能力的教育理念，它从学生的实际需求出发，注重未来能力的培养和实际成果的取得。这个金字塔模型不仅为教育工作者提供了一个清晰的框架，也为学生的未来能力发展指明了方向和路径。

四、OBE 理念的价值

从某种意义上讲，斯帕迪提出的 OBE 理念实现了教育范式的根本转换。在传统教育范式中，往往过度关注教学内容和教师的教法，忽略了学生实际掌握的能力与技能，而 OBE 则以学生的成长和未来发展为中心，将教育的最终目标明确为学生获得具体的、可衡量的成果。这种教育范式的转换，不仅提升了教育的有效性，还促使教学设计更加灵活和开放。因此，OBE 不仅是一种理论框架，而且是一种能够切实提升学生实践能力以及核心竞争力的教学方法。在这一理念下，学生学到了什么以及是否成功远比学习的方式和时间更为重要。对于今天的高校而言，OBE 理念的引入有助于提升教学效果，确保教育能够满足社会和行业的需求，使学生不仅具备学术知识，而且具备应对现实问题的能力，让教育更加符合人的发展。

这一理念实际上也与人们在日常生活和工作中的经验与看法高度契合，即无论采用何种方法或投入多少精力，最终的结果始终是衡量成功的标准。形式和过程固然重要，但它只是为结果服务，专注于过程和形式而忽视最终成果无疑是舍本逐末、本末倒置的做法。

OBE 理念通过强调教育的目标是学生的学习成果，而非过程本身，不仅对教育模式进行了重新定义，还提出了更具实践性的教学目标。OBE 是一种基于实现学生特定学习产出目的的教育过程。教育结构和课程设计只是实现这一目标的手段，而非终极目的。如果这些手段不能有效促进学生能力的培养，它们就需要被重新设计。这种观点进一步明确了 OBE 的核心，即所有的教学活动都应围绕学生的最终学习成果来设计和实施，任何无助于达成这些成果的做法都必须进行调整，这为教育改革指明了方向。

第二节　OBE 理念的特征

OBE 理念主要有六个方面的特征。

一、学习导向方面的特征

在学习导向方面，OBE 理念与传统教育差异明显。传统教育模式通常是过程导向或内容导向，其中教学内容通常优先于教学目标，并占据核心地位，这种模式强调学生需要根据培养方案和教学计划逐步进行学习，主要注重知识的完整性和系统性。在这种模式下，教师的关注点往往是课程是否讲授完整、知识点是否覆盖全面。

相比之下，OBE 则完全以学生的最终学习成果为导向。这种教育模式强调学生的学习目标、课程设置、教材选择、教学过程和教学评价都应围绕最终的学习成果来设计和实施。这种方式最大限度地减少了因教师个人喜好或者学校教学计划而随意设置课程内容的现象，确保教学活动更加客观、系统地服务于学生能力的实际提升。

二、毕业要求方面的特征

在毕业要求方面，OBE 理念与传统教育同样存在显著差异。在传统教育模式中，毕业要求往往更加宏观且有时显得较为抽象，通常以学生获得的学分作为毕业标准，即学生一旦获得规定的学分便可毕业。这种方式往往缺乏对学生实际掌握知识和技能的客观测量。

OBE 则将绩效作为毕业的标准，对学生在毕业时应掌握的知识、能力和素质进行了具体而明确的描述。例如，在工科的工程教育认证标准或商科的 AACSB 国际商科认证标准中，毕业要求覆盖了学科专业知识、问题分析解决能力、使用现代工具和方法的能力、对专业和社会的认知、职业道德与社会伦理观念、环境和可持续发展意识、团队协作、沟通能力、终身学习能力等多个方面。这些能力的评价要求必须是明确的、公开的、可衡量的，且能够支撑培养目标的达成，从而确保学生在毕业时不仅拥有必要的学术知识，还具备适应社会和职场的实际能力。

三、教学重心方面的特征

传统教育模式在教学过程中，侧重知识本位，通常注重传授固定的知识内容，重视知识的广度和深度。教学过程强调教师按照既定的教学大纲传授知识，而学生的主要任务是吸收这些知识。考试成绩和知识掌握的完整与否通常是衡量学生成功的关键因素。这种模式往往忽视了学生实际运用知识解决问题的能力。

相对而言，OBE 侧重能力本位，将教学重心放在能力的培养上，不仅关注学生知道什么，更重视学生能够做什么。这种教育模式强调通过教学活动培养学生的理解能力、批判性思维、解决问题的能力以及实际应用知识的能力。在课程设计中，教育目标、课程内容、教学方法和评价体系都围绕如何使学生具备这些能力进行优化和调整。例如，教学评价不再单纯依赖记忆力测试，而是通过实际操作、项目操作、案例分析等方式，评估学生的综合能力和实际操作技能。

四、教学策略方面的特征

教学策略是影响学生学习体验和成果的核心要素，OBE 与传统教育在教学策略方面存在根本性的差异，这种差异主要体现在教学的目标定位、方法执行以及学生互动的方式上，反映了两种教育模式对知识传递和技能培养的不同重视程度及方法。

传统教育模式侧重知识的分科教学、个体竞争，课程和教学策略常常是孤立的，缺乏跨科目的整合。在这种模式中，教学活动通常是由教师控制的，课程内容固定，通过考试来证明和检测学生对于每科的知识掌握了多少。教育重点是每个学科的知识点覆盖，而不是学生能力的整体发展。学生孤立地学习各个知识点，不仅难以看到不同知识点之间的联系，无法形成系统的知识体系，更难以将所学知识与实际问题联系起来，不利于知识的综合应用。

在 OBE 模式中，教学策略强调的是学生的能力发展和知识应用。这种教育模式倡导合作学习和协同教学，鼓励学生与学生之间、学生与教师之间的积极沟通与合作。通过团队合作完成项目和任务，学生能够在实际的合作中学习如何沟通、协商和解决问题，这些往往是传统教育模式所缺乏的。在课堂上，教师更多扮演的是指导者和协助者的角色，而不仅仅是知识的传递者。

此外，OBE 还强调批判性思考、推理和反思的重要性。教学活动设计要求学生不只是记忆和重复信息，而是要求他们理解概念、分析问题并应用知识来解决实际问题。这种策略的目的是培养学生的独立思考能力和自主学习能力，使他们能够在学习结束后继续成长和适应不断变化的世界。

五、阶段性成果评估方面的特征

传统教育中通常以学生在各学习阶段的考试成绩来衡量其学习成就，错误和失败往往被记录并可能对学生的自信心和未来学习产生负面影响。在这种模式下，学生的成功机会被限定在特定的考试和标准中，往往忽视了学习的过程和个体差异，对领悟速度较慢的学生尤其不利。

OBE 在阶段性成果评估上采用了一种更加宏观和成长导向的视角。这种模式认识到错误是学习和成长过程中不可或缺的一部分，阶段性的成果被视为未来学习阶段的参考，而不是最终评价。学生被鼓励在达到最终学习目标的道路上，勇于试错，通过不断地实践和反思逐步提升自己的能力。这种评估方式的特点是灵活性和适应性，允许学生在自己的节奏中进步，即使进展缓慢或常犯错误也不会被视为失败。

六、教学评价方面的特征

教学评价是教育过程中不可或缺的一环，它反映了教育体系对教师和学生的期望以及评价标准的设置。OBE 与传统教育在教学评价方面的差异显著，主要体现在对教师和学生评价的侧重点及方法上。

在传统教育体系中，对教师的评价通常侧重教学过程和教师本身的表现。评价的重点包括教学内容的广度和深度、教师的授课态度、仪表以及遵循教学规范的程度。这种评价方式往往通过学生的评教表格、教学观察和专家的督导来实施，主要评估教师的教学方法和技能。相比之下，OBE 更注重评价教学的实际效果，即教学活动对学生的实际影响。这种评价不仅关注学生在知识掌握上的成果，还重视学生能力的提升和个人成长。评价的焦点是学生的学习体验、教学活动对学生思维和能力启发的程度，以及教学内容如何促进学生的全面发展。

在对学生的评价方面，传统教育中对学生的评价往往采用阶段性的总结性评价方法，如期末考试、期中考试等。这类评价主要基于学生对知识点的记忆和理解能力，评价标准单一，强调结果的正确与否，而较少关注学生的学习过程和知识的实际应用。OBE 则采用连续的形成性评价，强调评价的过程性和多样性。这种评价方法重视学生对知识的深入理解、分析、应用和创造能力，通过项目作业、实际操作、持续的课堂表现和互动参与等多种方式进行。形成性评价的目的是鼓励学生在学习过程中不断探索和改进，促进他们在认知和技能上的持续成长。

在实施评价的方式上，传统教育倾向使用标准化的测试和固定的评价模式来衡量学生的学业成就，这可能会限制学生的创造性和批判性思维的发展。而 OBE 倡导使用多样化的评价工具和方法，如自我评价、同伴评价、教师的持续反馈以及综合能力的考核，以便更全面地评价学生的学习成果。

通过这样的对比可以看到，OBE 具有不同于传统教育的特色，不仅提高了教育的质量和有效性，还能满足现代教育对于学生实际能力培养的需求。

第三节　OBE 理念的应用

一、OBE 理念的应用步骤

OBE 理念在实施过程中，要遵循反向设计的原则，即从预期的最终学习成果出发，逆向规划整个教学过程。这种方法与传统的教学设计流程不同。传统的教学流程是从课程内容的选择开始，逐步向学习目标过渡。而 OBE 理念的实施完全颠覆了传统的教学设计流程，要求教育者先明确学生完成学业后应该达到最高的成果，然后基于这些最高成果来设定具体的教学目标和路径。这种反向设计的策略不仅有助于确保教学活动与学习成果之间的一致性，还能有效提升教学过程的针对性和效率。

在应用 OBE 理念进行反向设计时，教育者可以遵循五个步骤，如图 1–2 所示。这些步骤系统地构建起从确定人才培养目标到进行评估认证的完整链条，确保教育过程中的每一环都紧密相扣，共同促进学生达成期望的学习成果。

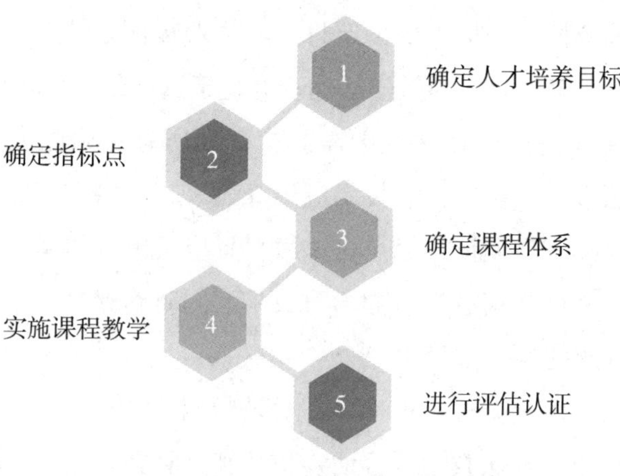

图 1–2　应用 OBE 理念进行反向设计的步骤

（一）确定人才培养目标

反向设计的第一步就是确定人才培养目标。这一过程涉及对学生未来应具备的知识、技能和态度的深入分析。这些目标不应仅局限于特定职业或行业的需求，而应更广泛地反映学生作为社会成员和专业人士所应具备的核心能力。

制定这些目标时，教育者需要考虑包括批判性思维、解决问题的能力、创造力、人际交往能力等在内的学生应该掌握的广泛技能，这些技能在多种职业和生活情境中都是必需的。此外，这些目标还应包括促进学生的个人成长和道德发展，使他们成为负责任和具有道德意识的公民。

在确定这些目标的过程中，教育者应进行广泛的咨询，包括与同行、行业专家以及学生的对话，以确保目标的全面性和适应性。目标设置应具体、明确，以便在后续的步骤中有效评估学生的学习成果。

（二）确定指标点

确定好人才培养目标后，教育者需要从已设定的毕业要求中细化出具体的指标点，这些指标点是对学生学习成果的具体体现，也是评估教学效果的关键依据。指标点的设定将毕业要求转化为可操作、可评估的具体学习目标，确保每一项教学活动都有益于这些目标的实现。

指标点应涵盖学生在课程中需要达到的所有关键能力，如分析问题、批判性思维、团队合作、技术应用等，每一个指标都应具有明确的描述和衡量标准。在设计指标点时，教育者应考虑如何通过多种教学活动和评估方法来全面衡量学生的学习成果，同时确保这些指标全面覆盖毕业要求中规定的各个方面。

在实践中，确定指标点是一个需要教师团队协作的过程，涉及跨学科的讨论和整合，确保教学内容的连贯性和互补性。这一步骤也可能需要反复修订和调整，以响应教学实践中的新发现和学生反馈，从而更精准地指导教学设计和学生评估。

（三）确定课程体系

根据设定的毕业要求，教育者需要设计和调整课程体系，以确保每门课程都有助于学生达到这些要求。在这个过程中，每门课程的内容、教学方法和资源分配都需要精心规划，以支持学生系统地获得必要的知识和技能。

课程体系设计应该是整合性的，确保不同课程之间的内容互补而非重复，并且各课程间能有效地衔接。同时，课程设计应灵活，足以适应不断变化的教育需求和学生的个性化学习路径。

在设计课程体系时，还需要考虑如何有效利用现有资源，包括教材、技术工具、实验设施等，以及如何整合外部资源，如行业实习、社区服务项目等，以增强学习的实践性和应用性。

此外，课程体系设计还应考虑评估和反馈机制的建立，确保学生在学习过程中获得持续的支持和指导。

（四）实施课程教学

在 OBE 的实施过程中，教学活动的安排是至关重要的，它要求从传统的以教师为中心的教学模式转变为以学生为中心的学习模式。这种教育理念强调教学应着重于学生的学习成果，即学生通过学习能够实际做到什么，而非仅仅关注教师传授的内容。这要求教学活动必须设计得能够培养学生的批判性思维能力、沟通表达能力，并激励他们勇于表达、评论和批判不同的观点，以增强他们的主体性和独立性。

在实施 OBE 的教学阶段，教师应采用多样化的教学策略，摒弃传统的“填鸭式”教学方法，转而采用更加开放和互动的研究性教学模式。这包括鼓励学生进行小组讨论、案例分析、项目驱动学习和实际问题解决等，这些活动不仅能促进学生主动学习，还有助于他们在实际应用中巩固和扩展知识。

实施 OBE 还要求教育者重视以下几个方面：需要增加学生的学习机会，赋予学生更多自主学习的权利，使学生能够根据个人的学习需求和兴趣选择学习路径和资源；应反思和调整教师的角色，将教师从知识的传授者转变为学生学习的引导者和支持者；应加强课程体系的纵向连贯性，确保从基础到高级的教学内容能够逐步引导学生达到预定的学习成果，同时保持课程内容的更新，以适应不断变化的教育目标和社会需求。

（五）进行评估认证

在 OBE 的实施过程中，评估认证是核心的最后步骤，关键在于确保教学活动和学生的学习成果能够达到预设的教育目标。OBE 的评估方法强调多元化和综合性，注重评价的深度和广度，而非单纯比较学生之间的成绩。

评估内容的设定直接与学生应达成的学习成果相关联。这意味着评价的焦点是确定学生是否达到了课程或项目预定的具体能力和知识水平。这种评价内容的选择，旨在测量学生在特定领域或技能上的具体表现，以及他们如何将所学知识和技能应用于解决实际问题。

评价方法的选择应兼顾多样性和包容性，适应不同学生的学习风格和需求。在 OBE 框架中，评价手段包括但不限于笔试、口试、项目作业、案例分析及实际表现等。更重要的是，评价应结合直接和间接方法。例如，直接评价可以通过测试和项目展示来进行，间接评价则可以通过学生反馈、自我评估及同行评价等多种方式收集数据，这些数据有助于全面了解学生的学习进展和成效。

评价的频率也须合理安排，以确保能持续跟踪和支持学生的学习进程。持续的评价机制，包括定期的自我评估、教师的观察及非正式的访谈，可以帮助教师及时了解学生的学习状态和需要，从而及时调整教学策略或提供必要的学习支持。

关于评价结果的记录和应用，OBE 强调建立一套系统的记录机制，以便详细记录每个学生在不同时间点的表现。这些记录不仅应包括数值成绩，还应包括学生的进步、遇到的挑战和收获的经验。教师应将这些详尽的评价结果整理成档，不仅可以用于课程结束时的总评，还可以用于指导学生的未来学习和发展。同时，这些记录的持久保存和一致性处理，确保了评价结果能够为学生的学习成果提供准确的反馈，也为教育机构提供了改进和调整教学的依据。

OBE 理念下的评估认证不仅是对学生学习成果的检验，还是一个全面反馈和持续改进的过程，旨在通过精确和有针对性的评估，推动学生能力的全面发展。

二、OBE 理念的应用

OBE 理念自引入我国以来，在理论研究和实际应用领域均取得了显著进展。在理论层面，姜波率先开展了关于 OBE 理念的研究，深入分析了 OBE 所强调的“成果”概念，并详细解读了 OBE 的起源、实质、体系及其原则①。此后，众多学者对OBE理念展开了探讨，为OBE理念的普及和传播做出了贡献。随着对 OBE 理念认识的深入，国内学

① 姜波 .OBE：以结果为基础的教育 [J]. 外国教育研究，2003（3）：35-37.

者开始将其与我国高等教育的专业课程建设和教学实践结合起来，进行了应用方面的探索，尤其是在与高等英语教学结合的探索方面，硕果颇丰。例如，柏晶等人探索了在“互联网 +”背景下，如何构建基于 OBE 理念的在线开放课程资源结构模型。该模型为在线课程的设计与实施提供了创新的方法，极大地提高了教育教学的质量和效率[①]。廉东昌分析了 OBE 理念下的高职英语混合式教学模式[②]，张金龙对 OBE 理念下的高职英语教学改革进行了探索[③]，殷骞等人探索了基于成果导向的英语混合式教学的设计[④]，王昭宁针对 OBE 理念下高职英语人才培养的优化策略进行了分析[⑤]。此外，还有其他学者对 OBE 理念应用于高职英语教学进行了探索。从学者的研究和探讨中可以看出，OBE 理念通过强调教学活动的成果导向，与高职英语教学的目标非常契合，为提升高职学生的英语职业技能提供了新的思路和方法，这种以成果为导向的教学模式已经成为提高教学质量和学生能力的重要手段。

---

① 柏晶，谢幼如，李伟，等．“互联网 +”时代基于 OBE 理念的在线开放课程资源结构模型研究 [J]. 中国电化教育，2017（1）：64–70.

② 廉东昌 .OBE 理念下高职英语混合式教学策略研究 [J]. 湖北开放职业学院学报，2024，37（16）：176–177，180.

③ 张金龙 .OBE 理念下高职英语教学改革研究 [J]. 辽宁高职学报，2023，25（2）：44–47.

④ 殷骞，张生祥 . 基于成果导向的英语混合式教学重构设计 [J]. 教学与管理，2019（18）：110–112.

⑤ 王昭宁 .OBE 理念下高职英语人才培养的优化策略 [J]. 济南职业学院学报，2021（6）：49–51.

第二章　高职英语教学

第一节　高职英语教学的内容

高职英语教学内容不同于高等本科院校的英语教育，不仅涉及英语语言的基础知识，还需要紧密结合学生的专业背景和未来职业需求，促进学生综合素质的提升和实际应用能力的增强。因此，高职英语教学内容的选择不单是知识点的传授，还强调知识的深度、广度与实用性，以及如何将这些知识有效地与学生的实际经验和需求相结合。

为了满足高职学生未来职业生涯的实际需求，高职英语教学内容通常需要涵盖英语语言能力的培养、职业能力的培养，以确保学生能够在将来的工作中有效使用英语进行交流和处理专业任务。高职英语教学的内容可以分为四大类，如图 2-1 所示，为学生的职业发展和国际交流打下坚实的基础。

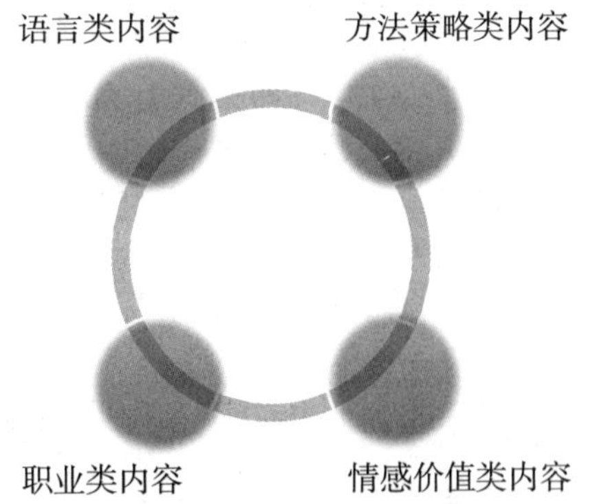

图 2-1　高职英语教学的内容

一、语言类内容

高职英语教学的语言类教学内容，可以分为语言知识类内容和语言技能类内容，如图 2–2 所示。

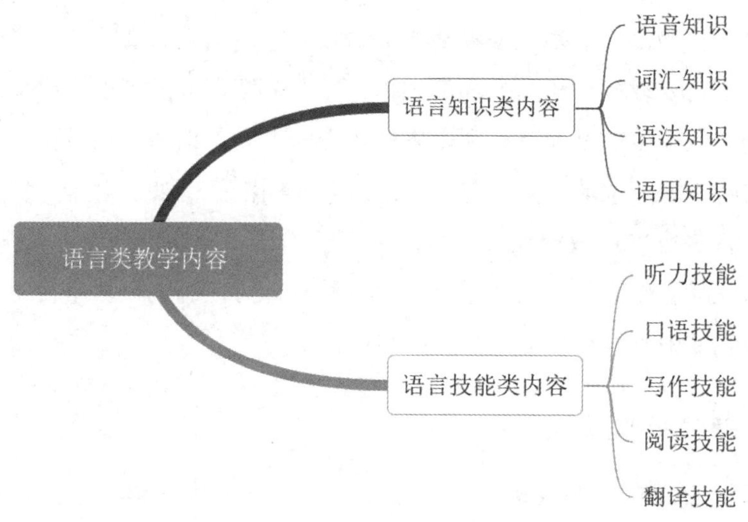

图 2–2　语言类教学内容的构成

（一）语言知识类内容

在高职英语的教学内容中，语言知识类内容是构建整个学习体系的基础和核心。这一类内容涵盖了语音、词汇、语法等基本语言知识的传授，不仅是教学的出发点，也是连接实际应用的桥梁。系统的英语语言知识教学，可以有效提升学生的语言运用能力和交际技能。

1. 语音知识

语音是高职英语教学中的基础内容之一。清晰准确的发音对于英语交流尤为重要，它能够帮助学生在实际交流中减少误解和沟通障碍。因此，高职英语教学不仅要帮助学生纠正发音错误，还要强调语音的自然流畅，包括语调、重音、节奏等元素的训练。此外，教学中还应加强学生在各种职业场景下的语音应用能力，使他们能够在不同的社交和专业环境中自信、准确地表达自己。

2. 词汇知识

词汇作为语言的基石，在高职英语教学中占据着重要位置。高职英语教学不仅要教授英语基本词汇知识，还要拓宽词汇的广度与增加词汇的深度，从学生的专业背景和未来职业方向出发，系统地教授基础词汇以及与特定职业领域相关的专业术语或行业词汇。例如，对于工程专业的学生，需要重点教授相关的技术和工程术语；医疗护理专业的学生，应学习医疗和健康相关的专业词汇。这种有针对性的词汇教学使学生能在专业领域中更加有效地进行沟通和理解。

3. 语法知识

语法教学在高职英语中同样重要，它为语言表达提供了结构和框架。高职英语的语法教学应侧重实用性，通过将语法知识融入真实的交流情境中，让学生能够更好地理解和掌握语法规则，并在实际使用中灵活运用。教师应根据学生的专业需求，挑选那些在职业场景中较为常用和相关的语法结构，如商务沟通中常用的语态、时态等，以确保学生可以将语法知识有效地应用于专业交流和实际工作中。

4. 语用知识

将语言知识与实际应用相结合是高职英语教学的一个重要内容。它要求在教学过程中不仅要传授语言知识，还要关注这些知识如何服务于学生的专业成长和实际应用。如果只掌握英语语言知识，却不知道怎么运用，那教学的实用性和有效性将大打折扣，学生不仅无法有效地沟通和解决工作中的问题，还可能导致职业发展的机会受限，自信心受到打击，感到挫败和不安。这不仅影响他们的职业表现，还可能影响他们的职业满意度和整体幸福感。教师在教学中应通过各种实际情景模拟，如情景对话、角色扮演、项目讨论等，让学生有机会在类似真实的工作环境中使用英语，了解和掌握如何将所学知识与实际应用相结合，学会举一反三。这样不仅能提高学生的语言实际运用能力，还能增强他们解决问题的能力和专业知识的实际运用能力，从而为他们的职业生涯和未来的社会交往提供坚实的语言和沟通基础，获得更好的职业发展。

（二）语言技能类内容

在高职英语教学中，语言技能类内容是培养学生准备进入未来职场的重要组成部分。这些技能不仅涵盖了基础的语言技能，更重要的是锻炼了学生在实际环境中使用英语的能力。具体来说，这些教学内容包括听力、口语、写作、阅读和翻译五个主要维度，每个维度都直接关系到职业场景中的实际应用。

1. 听力技能

听力是语言技能中的基础能力，对于学生来说，强化听力技能是理解和参与国际职业环境中实际交流的前提。高职英语的听力训练不仅包括对话和讲座的理解，还重视对专业相关内容的听解能力。例如，工程专业的学生，需要准确理解工程英语的技术讲座和操作说明；商业专业的学生，需要加强对商务会议和谈判中英语交流的听力理解。听力训练通过模拟真实的工作环境，如会议录音、客户服务交流等情境，帮助学生适应职场中的语言需求。

2. 口语技能

口语能力的培养是高职英语教学的核心。这不仅包括流利和正确的发音，更重要的是能够在不同的职业情境中，如会议演讲、客户沟通、团队协作中有效地表达思想和信息。教学中通过角色扮演、模拟讨论和演讲练习等方法，强化学生的即兴应对能力和专业术语的运用能力，使学生能够更自信地在职业环境中使用英语进行口头交流。

3. 写作技能

在职业环境中，写作技能至关重要。高职英语教学中的写作训练重点是商务邮件、报告、提案书等职业文档的编写。教学中强调结构清晰、语言准确和风格适宜，教授学生如何根据不同情境选择恰当的表达方式。通过实际写作练习和案例分析，学生可以逐步提升其在职业场合中书面表达的专业性和有效性。

4. 阅读技能

阅读技能的培养旨在提高学生快速捕捉和处理英语信息的能力。这包括对专业材料、技术文档、商务报告等的深入理解。高职英语通过引入行业相关的阅读材料，使学生熟悉专业词汇和表达方式，提升他们将分析和阅读内容应用于实际工作的能力。

5. 翻译技能

翻译技能训练帮助学生克服语言和文化障碍，提高他们将专业知识从一种语言转换到另一种语言的能力。在高职英语教学中，翻译不仅是语言转换的技能训练，还是一种跨文化交流能力的培养。通过翻译实践，学生可以更深入地理解两种语言背后的文化差异和专业概念，为国际职场的沟通与合作打下基础。

高职英语的语言技能类内容设计要通过系统的教学安排，全面提升学生在未来职业生涯中英语的实际运用能力。这些内容的教学不仅提升了学生的语言技能，也为他们未来的职业发展奠定了坚实的基础。

二、职业类内容

高职英语教学的职业类内容是专门为了帮助学生在未来的职业生涯中有效使用英语而设计的。这类内容包括职业知识和职业技能两大部分，如图 2-3 所示，以确保学生不仅能理解和使用专业英语，还能在实际工作中展示其专业能力。

图 2-3　职业类教学内容的构成

（一）职业知识内容

职业知识部分的教学内容应围绕学生将来可能从事的行业和职业的具体需求来设计。这涉及多个层面的内容，如行业术语和概念等。每个专业领域都有其特定的术语和概念，高职英语教学需要针对不同专业背景的学生教授相关的行业术语，如商务英语、医疗英语、旅游英语等，确保学生能够在专业环境中准确理解和使用这些术语。

教师需要教授学生所在行业的背景知识，包括行业的历史发展、当前趋势、头部公司和行业标准等。这有助于学生更好地理解行业运作的大环境，为未来的职业生涯做准备。

英语作为一门国际化语言，在很多国际化的职业环境中被广泛应用，学生需要了解和适应不同文化背景下的工作方式和商务礼仪。这部分的教学应包括跨文化交际的策略和技巧，帮助学生在多元文化的工作环境中有效沟通和协作，这也是高职英语教学应该教授的职业知识。

（二）职业技能内容

高职英语的职业技能教学部分内容应注重英语在实际职业环境中应用的技能，这也是一个多维度的内容，包括实际职业中语言应用能力，通过模拟真实的工作场景，如会议、谈判、客户服务等，训练学生的口语和听力应用能力。这些活动不仅包括模拟职业实践中常见的交流情境，让学生在类似真实的环境中练习英语，还包括职业环境中书面交流技能。书面交流在职业环境中极为重要，教学内容应包括电子邮件写作、报告撰写、提案编制等。教师需要指导学生学会如何在不同的职业文档中使用恰当、专业的语言。

演讲和呈现技能对于职业发展与成功至关重要，尤其是需要向同事或客户介绍项目、提案或成果时。通过组织演讲和呈现的训练，学生可以提升他们的表达能力和说服技巧。

三、情感价值类内容

在高职英语教学中，情感、态度和价值观的培养是教育内容的重要组成部分，这些内容对学生的个人成长、学习效果以及未来职业发展都具有深远的影响。通过系统的教学活动，教育者不仅传授语言知识，还致力培养学生积极的学习态度、坚定的自信心、强烈的责任感、卓越的合作精神和全面的跨文化理解能力。

学习兴趣是激发学生积极学习态度的关键因素，是高职英语教学应该培养的态度之一。在高职英语教学中，通过丰富多彩的教学活动和方法，如游戏、竞赛、项目任务等，可以大大提高学生的学习动机和兴趣。教师应设计富有吸引力的课程内容，如将流行文化、时事新闻、行业发展等与学习内容相结合，使课堂更加生动和贴近学生的生活实际。通过实际的应用场景和实践机会，学生能够体验到学习的乐趣和实用价值，从而持续激发其对英语学习的兴趣和热情。

自信心是学生面对挑战和把握机会的重要心理资本。在高职英语教学中，教师通过正向反馈、成就展示和角色扮演等教学策略，帮助学生建立和增强自信心。通过在课堂上提供体验成功的机会，如成功完成一个项目或者有效地进行一次演讲，学生可以感受到自己的进步和能力，从而增强自我效能感。此外，教师还应鼓励学生勇于尝试和面对困难，通过不断地挑战和克服困难来提升自我认知和信念。

在高职英语教学中，职业态度的培养占据着重要位置。职业态度不仅关系学生未来在职场中的表现和适应程度，而且直接影响他们的职业成就和个人发展。这包括对工作的责任感、职业道德、团队合作精神、职业规划意识等多个方面。高职英语教学中的各种活动和课程内容，可以有效地帮助学生树立正确的职业态度，为其未来的职业生涯打下坚实的基础。

在职业责任感的培养上，高职英语教学应通过具体的教学活动，如项目任务、案例研究、模拟职场实践等，教育学生对待工作要有高度的责任心和敬业精神。教师可以引导学生理解在职业活动中，每一个决策和行为都可能对团队和公司产生影响，从而强调个人责任在职业成功中的关键作用。

职业道德的教育是高职英语教学中不可忽视的一环，包括诚实守信、尊重他人、保守商业机密等职业行为规范。通过讨论各种职场道德困境和进行案例分析，教师可以帮助学生建立道德判断能力，教育他们在面对职业选择时能够坚守原则，做出正确的决策。

团队合作是现代职场的基本要求。在高职英语教学中，通过团队项目、协作任务等形式，教师应培养学生的团队意识和协作能力。这不仅能教会学生如何在团队中有效沟通和分工，更重要的是通过实际操作能让学生体会到团队合作带来的协同效应和创造力。

职业规划意识的培养可以帮助学生提前思考和规划自己的职业道路。高职英语课程中可以包括职业规划的相关内容，如职业生涯规划讲座、职业发展策略等，指导学生如何根据个人的兴趣和专长进行职业选择，如何设定短期和长期的职业目标，以及如何为实现这些目标而努力。

高职英语教学中的职业态度内容不仅涉及学生个人品质的塑造，也包括为其职业生涯的成功铺路，涉及面比较广。通过系统的教学设计，学生可以在学习英语的同时，获得必要的职业素养和职业技能，为将来的职场生活做好准备。

四、方法策略类内容

在高职英语教学中，方法策略类内容是应该教授的一类重要内容，如果方法选择不当，学生再怎么努力，也难以达到理想的学习效果。这些方法策略不仅可以帮助学生掌握有效的学习技巧，还涉及如何有效管理个人行为、优化交际技能等内容，这些技能对学生的学业成功及未来职业发展具有深远的影响。

（一）英语学习方法

高职英语学习方法不同于传统学科的纯理论学习，它更加注重实际应用与职业技能的结合。这种学习方法要求学生不仅要掌握语言知识，而且能够将这些知识应用于实际的职业场景中。为此，高职英语教学采用了多种创新和互动的学习方法，以提高学生的语言实际运用能力并满足职业发展的需求。

（二）时间管理策略

高职学生到了三年级以后，往往需要参加实习，需要在学习、兼职和个人生活之间找到平衡，因此时间管理成为他们必须掌握的关键能力。在高职英语教学中，教师可以通过教授时间管理的技巧，帮助学生更有效地规划学习时间和活动，确保他们能在紧张的学习和生活节奏中保持效率。这包括教授学生如何设定学习目标、如何优先处理任务、如何制订实际可行的学习计划等。通过实际操作和演练，学生可以逐步建立起良好的时间管理习惯，这不仅有助于他们的语言学习，也将惠及他们的整个职业生涯。

（三）自我评估策略

自我评估是学生进行自我指导学习的重要部分。在高职英语教学中，教师应引导学生学会如何评估自己的学习进度和效果，如何识别自己的强项和弱项。这可以通过提供自评工具、反思日志、学习档案等形式来实施。自我评估策略不仅帮助学生更清晰地了解自己的学习状态，还能激发他们的内在动力，促使他们在学习过程中采取更主动的态度。通过定期的自我评估，学生能够持续调整学习策略，优化学习效果。

（四）信息整合和应用策略

在信息化时代，学生被海量的数据和信息包围。因此，教授学生如何有效地整合和应用信息，如何有效进行信息检索对于学生寻找实用的英语和职业相关信息至关重要。教师应教授学生如何使用高效的搜索技巧和工具，以便他们能够快速准确地定位到高质量的英语资源和专业资料。这包括使用关键词搜索、利用数据库和专业网站以及评估搜索结果的相关性和可靠性。通过这种培训，学生可以更自如地在广泛的信息中筛选出对他们学习和职业发展最有价值的内容，增强他们在未来职场中应对信息挑战的能力。这种技能的培养不仅能提高学生的信息处理能力，也为他们的职业生涯提供了有力的支持，更重要的是培养了学生的信息辨析能力和批判性思维，使他们能够识别信息的真伪，并有效地运用这些信息解决实际问题。教师应引导学生掌握如何在网络和数字资源中识别可靠来源的方法，以及如何批判性地评价信息内容的质量和相关性，教授学生如何检查信息的出处，判断信息的时效性和准确性，以及如何区分有偏见和商业性的内容。

第二节　高职英语教学的特征

高职英语教学作为一种特殊的教育形式，其核心在于满足职业教育的需求和特点，明显区别于普通高等教育和中等教育中的英语教学。高职英语教学的独特性主要体现在五个方面，如图 2-4 所示。这些特征，不仅定义了高职英语教学的框架和方向，也确保了教学内容和方法能够紧密贴合学生的职业发展需要。

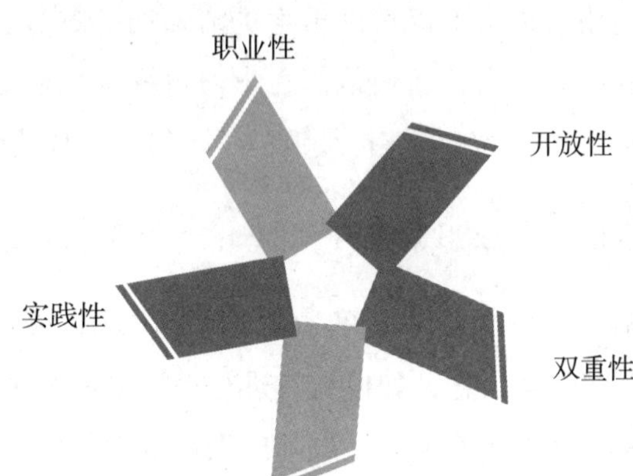

图 2-4 高职英语教学的特征

一、职业性

高职英语教学的职业性特征是其教育体系中一个显著的特点，与传统的高等英语教育的学术性相比，高职英语更加注重培养学生的职业英语应用能力，使学生能够将英语作为一种工具，从而在未来的职业生涯中有效应对各种职业场景中的挑战。

高职英语的课程设置需要基于对职业市场人才需求的精准分析，这使得课程内容和结构能够紧密跟随行业的发展趋势和市场的实际变化。这种设计不仅包括了必需的英语语言技能，如听、说、读、写的综合训练，还专门针对各个职业领域的具体需求，开设了相关的专业英语课程，如商务英语、旅游英语、邮轮英语和医疗英语等。这样的课程设计确保了学生能够在毕业后，直接将从学校中学到的英语知识和技能应用于实际的工作中，提高了教育的针对性和有效性。

高职英语教学的职业性还体现在教学过程特别强调与职业资格认证的结合。许多高职院校通过与行业认证机构合作，将职业资格认证的标准和要求整合进英语课程中。这种做法不仅提升了课程的专业水平，还使学生能够通过学习有能力考取某些职业资格证书，如跨境电子商务英语证书、“1+X”网店运营推广职业技能等级证书等。这些证书在职场上具有较高的认可度，能显著提高学生的就业竞争力和职业发展潜力。

高职英语的职业性还体现在它的课程设计不局限于教授语言技能，还注重对学生职业素养和实践能力的培养。高职英语课程中往往包含大量的实践活动，如案例分析、模拟实训、项目合作等，旨在提升学生的实际操作能力和解决实际问题的能力。通过这种理论与实践相结合的学习方式，学生不仅能够掌握英语，还能够培养团队合作、项目管理、跨文化交流等职业必需的综合能力。

二、实践性

高职英语教育在教学实践中注重实际应用，这种实践性特征使教学内容和方法能够紧密结合学生的职业发展需求。

高职英语教学方法多样化，强调通过互动式教学、案例分析和项目驱动学习等方式，增强课堂的互动性和学生的学习兴趣。例如，教师会设计团队合作项目，让学生在模拟的商务环境中使用英语进行交流和谈判。这种教学活动不仅有助于学生深入理解英语在实际职业应用中的功能，而且能显著提升他们解决实际问题的能力。通过这种方式，学生能在接近真实的职业环境中练习英语，从而更好地掌握语言的实际使用方法。

高职英语教育中的职业性导向特别强调实践的重要性。课程大多包括模拟商务谈判、客户服务交流、技术操作说明等实践活动，使学生有机会在真实的职业场景中使用英语进行沟通和解决问题。通过参与这些实践活动，学生不仅可以增强自己的语言应用能力，还能提高处理复杂职业任务的实际技能。

高职英语教育还大量引入实验、实训等环节，如通过校内外的实践活动，让学生深入了解语言技能的职业应用。这些活动帮助学生将课堂学到的理论知识与职业实践紧密结合，从而有效提升他们的专业技能水平和操作能力。通过校企合作模式，学生可以参与企业实际运营，获取行业经验，这不仅让教学内容与市场需求保持同步，而且为学生的职业发展奠定了基础。

通过这种理论学习和实际应用相结合的教学模式，高职英语教育确保了学生能够在真实的工作环境中有效运用所学的英语知识和技能，不仅增强了学生的职业适应性，还提升了他们在实际工作中解决问题的能力。这种实践性的教学特点是高职英语教育提升学生综合职业能力的关键所在，使学生能够在未来的职业生涯中更加自信地面对各种挑战。

三、高等性

高职教育的层次在学术界存在不同的观点。一些学者认为，高职教育主要聚焦职业技能的培养，与普通技校教育类似，是一种与传统高等教育相区别的教育形式，不能归于高等教育。然而，也有人认为，高职教育涉及的知识广度和深度，以及其对学生综合能力培养的要求，都符合高等教育的标准，所有高层次的职业技术教育，包括高职教育，均应视为高等教育的一部分。

这种意见上的分歧，主要在于高职英语教育在培养学生方面，既注重英语语言能力的提高，也强调在职业领域中的英语能力应用，结合了高等教育的系统性、学术性特点和职业教育的实用性、应用性特点。这种双重性使学者对高职英语教育的归属性产生了不同看法。

高职英语教育全称为高等职业英语教育，作为高等职业教育体系的重要组成部分，其高等性体现在教学内容、教育目标及教学模式等各个环节。例如，高职英语教育在内容设置和教学方法上展现出高等教育层次，高职英语教育不仅传授语言知识，还通过语言教学来提升学生的职业能力，如跨文化沟通、职业写作技巧等。这种更为系统的理论学习与实际应用相结合的方式，能够让学生未来在更高层次的职业环境中灵活运用英语。高职英语教育的课程设计通常基于对行业需求的深入分析，并与国际标准接轨。同时，高职院校还会通过与企业的合作，加强学生的实习实训环节，使教育内容与职场实际需求有效对接。这种实践性的强化也是高等教育中对学生综合素质培养的体现，与高等教育人才培养方向一致。

因此，高职英语教育应当被视为高等教育体系中的一部分，这种教育方式突破了理论与实践、学术与职业的界限，为学生未来的职业生涯提供了坚实的学术基础和实用技能。

四、双重性

高职英语教育在性质上具有高等性和职业性，这种性质的双重性，在高职英语教育的各个环节都有体现。例如，高职英语教育中的教师角色具有显著的双重性，为了完成高职教育的教育任务与达成教育目标，培养学生的职业能力和理论知识，高职英语教育的教师队伍通常是“双师型”教师队伍，即教师既具备深厚的专业理论知识，又拥有丰富的实际工作经验，这是高职教育体系的一大特色和优势。“双师型”教师不仅在学术上具有较强的理解能力和研究能力，而且在实际工作中积累了大量的行业经验。这样的背景使教师能够将复杂的理论知识与实际应用有效结合，极大地增强了教学的实用性和应用性，能够有针对性地提升学生的职业能力与语言能力。例如，具备商务英语背景的“双师型”教师能够通过自己的经验，将商务交流、翻译实践或国际贸易的知识直接应用到教学中，使学生能够在理解英语的同时，了解其在实际商业环境中的应用，这种教育模式对于高职型人才培养至关重要。

“双师型”教师能够根据行业的最新需求和技术发展，不断更新和调整教学内容和方法。他们利用自己的实际工作经验，设计接近真实职场的教学活动，如模拟商务谈判、客户沟通等，这些活动不仅增加了课程的趣味性和互动性，还大幅提升了学生的职业技能和实际操作能力。通过这种教学方式，学生能够在真实或模拟的职业环境中应用英语，更好地应对未来的职业生涯。

学生在高职英语教育中的角色也呈现出双重性。他们既是学习理论知识的学生，又是即将进入职场的预备职工。这要求学生在学习过程中不仅要掌握必要的英语语言技能，还要学会如何在实际工作中运用这些技能。高职英语教育通常在教育进程结束前一年或者一年半的时间内提供实习、实训等机会，使学生能够接触和适应未来的职业角色，从而更好地实现从学生到职工的平稳过渡。

高职英语教学在教学方式上的双重性体现在其理论与实践的融合以及传统与现代教学方法的结合。这种双重性不仅满足了教育的全面性要求，而且适应了职业教育特有的应用性需求，使教学更加符合高职学生的实际发展需求。

这种双重性确保了教学内容的实时更新与职业市场的紧密对接，增强了教育的针对性和效果，为学生的职业发展打下了坚实的基础。

五、开放性

高职英语教学体系具有开放性，这一特征是其教学体系较为突出的一个特征。由于高职英语教学需要培养学生的职业适应能力，为学生走向职业岗位奠定基础，因此教学内容需要与行业发展趋势紧密结合，以便毕业之后便可顺利适应职场要求，这就要求高职英语教学体系保持一定的开放性，在教学内容和方法上能够灵活应对快速变化的市场需求和行业动态，根据变化进行适时调整，以便保证教育内容的时效性，为学生的职业发展提供及时的支持。

随着全球化进程的加速和国际交流的日益频繁，国际贸易和跨文化交流等相关行业或领域快速发展，一些学科知识的使用有效周期可能比较短，不久就会面临被市场淘汰的风险，这要求教学内容必须具备高度的灵活性和时效性。教师在课程设计时要定期评估和修改教学大纲，引入新兴的商务英语术语、国际交流策略及其他行业相关的知识，以确保学生所学英语知识能够直接应用于未来的职场环境。这样的课程更新除了基于教育者的前瞻性思考，还需要借鉴和参考行业专家的意见和建议。

高职英语的开放性还体现在与企业和行业的深入合作上。许多高职院校采用校企合作模式，与行业内的领军企业建立长期合作关系。这种合作模式超越了传统的实习安排，形成了一种共同参与课程开发、职业技能训练和教学项目构建的合作体系。企业不仅可以为学校提供最新的行业需求信息，还能参与教学内容的实际设计，确保教学内容的实用性和前瞻性。此外，企业家和行业专家常常被邀请到学校分享实际经验，参与研讨会或工作坊，这些活动极大地丰富了学生的学习经验，使他们能够从实际工作中获得启发。

通过这样的开放性设计，高职英语教学不仅提供了符合时代需求的教育内容，还为学生搭建了一个与职业实践紧密相关的学习平台，极大增强了教育的针对性和实效性。这种教学模式有效地缩小了理论学习和职业实践之间的差距，为学生未来的职业发展奠定了坚实的基础。

第三节　高职英语教学的原则

高职教育面向特定的职业需求，强调理论与实践的紧密结合，特别是在英语教学中，更需要明确教学的目标、内容和方法，以确保学生能够在将来的职业生涯中有效使用英语技能。因此，在高职英语教学中，需要遵循一定的基本原则，坚持这些原则不仅有助于提高教学质量，而且是满足行业需求、培养学生综合职业能力的关键。在高职英语教学中，应该遵循的原则主要有五项，如图 2–5 所示。

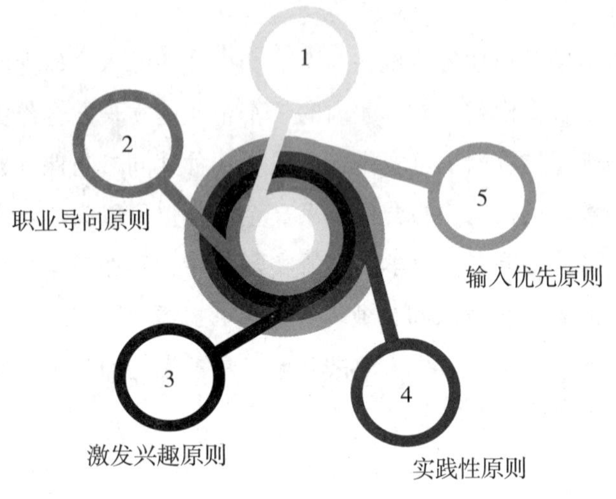

图 2-5　高职英语教学的原则

一、以学生为中心原则

在当今信息激增、快速变革的全球化时代，我国正在进行课程改革。培养学生的“自主学习”（Self-regulated Learning）能力作为一项重要的变革目标，主张通过加强学生的自主学习动机与策略，改变以往学生在学习中被动接受的局面，使其成为一个能够独立思考、主动探究、自我反思与自主发展的学习者。课程改革强调“创设有利于引导学生主动学习的课程实施环境，提高学生自主学习、合作交流以及分析和解决问题的能力”。校园环境、课堂气氛、教师的教学行为和学生的个体心理体验对学习效能的影响起着很大的作用。高职英语教学中以学生为中心的原则，突出了教育的核心目的，即将学生的个人成长和学习需求置于首位。这一转变意味着教育过程从教师主导的传授模式转向更加注重学生主动学习和个性化发展的模式。在这种教学框架下，教师的角色需要从传统的信息传递者转变为学生学习的指导者和促进者，通过激发学生的内在动机来提高其学习的主动性和效果。

在教学活动设计上，这一原则要求教育者深入了解学生的个性、兴趣及学习习惯，从而提供个性化的学习路径和资源。教育内容和方法应根据学生的实际需求进行调整，以保证教学内容既具有挑战性又能让学生接受。这种做法有助于学生在学习过程中建立自信，理解自我成长的重要性，认识到自己的潜能并积极探索。

以学生为中心的原则还强调学习环境的构建应支持学生的全面发展，包括认知、情感和社会技能的成长。学习环境的设计应鼓励学生之间的互动和合作，创造一个充满支持与尊重的氛围。这种环境有助于学生在真实的社会情境中应用语言和其他学科知识，增强他们处理复杂问题的能力。

（一）构建多渠道、多元化的学习环境

语言学习是在相应的学习环境中进行的，学生学习的过程和学习的效果都与之密切相关。传统的英语学习途径往往是通过“以教师为中心”的课堂学习来进行，而课堂教学多以精讲为主，以学生多加练习为辅，作业内容仅仅局限于英语教材的狭隘范围，或是应付各类考试的题型练习。事实上，这背离了英语学习的最初目的，违反了语言学习的规律，也不能提高学生的英语学习兴趣，学生在课堂上学到的词汇或者表达是无生命的，并极大地影响了他们的学习主动性。学校教学环境的质量对学生学习有着重要影响，当学生感知到的是一个积极的环境时，相应的学习效能明显好于在消极的环境中的学习。研究发现，学生的自主学习与他们对课堂控制方式的观感密切相关。学生控制性弱而教师控制性强时，自主学习受到的限制最大。即使学生对课堂环境具有正面的观感，偏重“以教师为中心”的教学方式也会抑制学生的学习动机。因此，课堂和课外环境对提高学生学习效能都很重要。

学校是学生生活和学习的主要场所，是学生掌握基本的英语知识和培养英语运用能力的良好环境。学院的名称、路标、食堂、医务室、各类商店及各办公室的名称都可以做到纯英文介绍或中英文对照，包括一

些大赛的欢迎标语和各类社团活动的宣传。例如，校园的交通巡逻车，可以载入“You’ve arrived. Have a nice day!”（您已到达，祝您生活愉快！）这样的语言提示信息。这样，学生们在校园里随时随地都可以受到英语的熏陶，潜移默化地受到影响，从而使学生在轻松、愉快的校园氛围中主动学习英语。

建立一个英语辅导室。笔者曾参观过加拿大阿尔伯塔省的一所高职院校，该院校是这样做的：在一个全日制的英语辅导室里四周陈列着各类与英语相关的书籍，还有英语教师轮流值班为学生辅导解疑，只要没有课的学生便可以去那学习，和老师面对面交谈。

学校可以借助国际交流平台，多开展海外合作办学。这是给学生提供感受以英语为母语国家的语言环境的好方法，也可以多与国内的外企建立校企合作，签订学生实习协议。

（二）构建二级学院英语专业学生的作品展示环境

学生的英语兴趣来源于很多因素，而其中少不了成就感。专业的语言类二级学院应该将学生的一些学习作品展示出来，摆在走廊或大厅供大家品鉴。其中不仅能体现教学的互动，还能表现学生的创作灵感和对生活的理解。

可以通过原声电影的配音表演，模拟职场英语面试，参加各类赛事，参与服装秀、旅游节、美食节的翻译，进行纯英文的名师采访、面向外国访问团的校内企业英语接待和产品销售等多种形式，给高职类英语专业的学生提供尽可能大的空间去发挥他们的专业特长和开发他们的创造力。

（三）构建课堂英语微环境

课堂微环境是由课堂人际关系、课堂气氛、学生的学习行为、教师的教学行为和学生的个体心理体验等因子构成。一些教师往往把课堂的教学重心放在电脑课件的制作上，图文并茂，讲解很直观，也很形象生动，但却忽略了学生课堂上能发挥的主观能动性和实际解决问题的能力培养，也就是忽略了学生才是学习的主体。构建一个好的课堂学习环境，是激发学生学习兴趣的主要媒介。例如，学习被动语态时，教师让所有的学生都闭上眼睛，然后听他念一篇很有趣的短文，念完两遍后让学生把听到的被动语态的动词写下来。这种学习方法很有趣，让学生的记忆也很深刻。再如，在教授高职高专《前景实用英语》中的Unit3，讲到三种不同的学习类型时，个别基础较差的高职学生会昏昏欲睡。这时，可以采用调查的方式将全班分成六个组来讨论，先把课文里的内容归纳为以下几个问题。

（1）Do you like to rote memorization with books and flashcards?（你喜欢用书和卡片死记硬背吗？）

（2）Do you like to take notes in class?（你喜欢上课做笔记吗？）

（3）Do you like to communicate with others?（你喜欢与其他人交流吗？）

（4）Do you have a habit of playing a key or something while thinking or listening?（当你思考或聆听时有玩钥匙的习惯吗？）

（5）Do you love to listen to radio or read newspaper?（你喜欢听收音机或读报纸吗？）

（6）Do you feel comfortable when somebody touches you?（当有人触碰到你的时候，你感觉舒服吗？）

……

每组八人，按照组间平衡、组内存异、优势互利的原则，选取一个英语较好的学生做组长，组织和监督大家轮流发问，学生结合自己的体会对每位组员做好回答记录，然后教师再做统计和总结，向大家公布每位学生偏向什么类型的学习。学生在不知不觉中理解了视觉学习法（Visual learning）、听觉学习法（Auditory learning）和运动型学习法（Kinesthetic learning）三种不同而又相关联的学习模式。这种教学方法在两个班100余名学生中进行，其中一个是控制班，另一个是自然班。一个月后，控制班的学生对这节课的单词和小组讨论都记忆犹新。这反映出构建课堂微环境很重要，良好的课堂微环境能刺激学生的各种感官的发展，对其学习语言有非常大的帮助。

此外，教室的布置也很讲究，学生需要真实和贴近生活的实际运用型的语言。对于基础较薄弱的班级，一些幽默和直观的画面更有利于帮助他们学习。

克拉申的二语习得理论认为，可理解的语言输入是语言习得的必要条件。以学生为中心的原则强调教学应根据学生的年龄、心理特征、接受能力等条件进行有效输入，绘本和图片对于帮助学生理解语言特征能起到很好的辅助作用，同时这个原则也强调评估和反馈机制的改革。传统的以考试成绩为导向的评估方法正在逐渐被形成性评估以及结果导向的评估方式所替代，后者更注重监测学生的学习进程，能及时提供反馈，帮助学生识别学习中的难点并进行调整。这种评估方法不仅能更准确地反映学生的学习状态，还能激发学生对学习内容的深层思考和持续兴趣。

在高职英语教育中秉承以学生为中心的原则还能够有效促进学生自主学习能力的提高和终身学习热情的高涨，为他们日后在职业生涯中遇到的各种挑战做好准备。这种以学生发展为核心的教育模式不仅能提高学生的学习效率，还能培养学生的创新精神和实际解决问题的能力，为他们的个人成长和职业发展打下坚实的基础。

二、职业导向原则

高职英语教学的职业导向原则，强调教学内容和活动必须与学生的未来职业生涯和专业领域密切相关，这是为了确保教育与实际工作需求之间的对接，增强教育的针对性和实用性。这一原则的重要性在于，它直接关系到学生将来在职场上有效运用所学知识和技能，以及他们的职业发展和适应性。

职业导向原则能够使学生在学习过程中获得与未来工作直接相关的知识和技能。通过聚焦行业相关的英语应用，如专业术语的使用、行业文档的理解和撰写等，学生不仅能学到语言本身，还能掌握将这些语言知识应用于专业场景中的能力。这种针对性学习有助于学生毕业后迅速适应职场环境，提高其职业竞争力。

实施职业导向原则可以提升教育的实际效益，使教学内容不断更新以适应行业发展的变化。行业和市场的需求是不断变化的，教育内容若能及时反映这些变化，就能够确保学生所学满足市场所需。这种及时的内容更新让学生的学习始终与行业实际保持同步，增强了学习的现实意义和应用价值。

职业导向原则鼓励与企业和行业的深度合作，这不仅可以使教学活动更加贴近实际，还为学生提供了宝贵的实习和实践机会。通过实际参与行业项目，学生能够在真实的职业环境中应用所学知识，这种经验对于他们理解复杂的职业要求、培养解决实际问题的能力至关重要。此外，这些活动也为学生建立职业网络提供了平台，有助于他们的职业发展和就业。

在高职英语教学中，实施职业导向原则是为了使教育更加符合行业需求，提升学生的职业适应性和未来的就业竞争力。将教学内容与实际职业需求紧密结合，不仅提升了教育的实用性，还优化了学生的学习体验和成果。

以商务信函写作为例，在商务信函中讲究诚恳和真实。面临顾客的投诉、供货商的误解、货物的丢失、上级的指责等情形时，要学会控制个人情感才能给公司创造好的信誉。如果你的态度骄横、盛怒，带有挑衅性，那么他们可能会以同样的态度对待你。相反地，如果你谦虚、慷慨和通情达理，也会得到他们相应的回应。所以写作时的情感态度非常重要。积极和消极的态度对比显而易见，例如：

（1）Five months have passed since your last payment.（自从你上次付款已经过去 5 个月了。）

（2）We have not received a payment from you for five months.（我们已经 5 个月没收到你的付款了。）

（3）It has been five months since we last received a payment from you.（自从你上次付款至今有 5 个月了。）

第（1）句略显消极，第（2）句为中性，而第（3）句积极的语气则使这个句子听上去更有诚意。

商务写作的效果必须努力做到像真人在对话，尽量避免指责对方、推卸责任、漠视客户、拒绝帮助、毫不领情等。同样的一件事情可以用两种不同的语气表达，例如：

（1）It is not our fault if you do not check whether the goods are satisfactory on delivery.（如果你不检查货物是否在运输过程中受损，那将不是我们的错。）

（2）I am afraid customers are expected to check that goods are satisfactory on delivery.（恐怕顾客很期待去检查货物在运输过程中是否令人满意。）

第（2）句的语气可以给对方轻松、愉快的感觉。

这种以职业需求为导向的教学策略，既是对学生负责的表现，也是教育适应社会发展需求的必然选择。

三、激发兴趣原则

兴趣是学习动力的关键来源。心理学研究表明，兴趣能够显著提高个体的学习效率和学习质量。当学生对学习内容感兴趣时，他们的学习态度会更为积极，投入的时间和精力也会相应增加，这种积极的学习态度是持续学习和深入探索的前提。例如，学生对英语电影感兴趣，可能会自发地去研究电影中的对话和词汇，这样不仅学习了语言，还能拓宽知识面。

兴趣能够促进深度学习。兴趣驱动的学习往往不满足于表层的记忆，而是加深对知识的理解和应用。这种深度学习有助于学生在实际使用英语时灵活运用所学知识，解决实际问题。当学生对某个职业场景下的英语使用产生兴趣时，他们会主动探索如何在该场景中进行有效沟通，这种探索和实践可以显著提高他们的语言实际应用能力。

兴趣是持久学习的关键。教育的目标不仅是让学生掌握知识，更重要的是培养他们成为终身学习者。具有学习兴趣的学生更可能在学校教育结束后继续自主学习，不断更新自己的知识和技能，以适应快速变化的职场环境。因此，高职英语教育需要创建一个充满挑战和新奇的学习环境，激发学生的好奇心和探索欲，让他们在学习中发现乐趣，并维持他们的学习兴趣。

从职业准备的角度看，兴趣的培养能帮助学生更好地了解自己的职业倾向和职业需求，使他们能够做出更符合自身兴趣和能力的职业选择。例如，对英语交流特别感兴趣的学生，可能会选择那些需要较强人际沟通能力的职业，如从事国际贸易的跨国公司的相关职位。

因此，高职英语教学中的激发兴趣原则不仅有助于提升学生的学习效果，还对其职业发展和个人成长具有重要意义，是实现教育目标的关键因素之一。通过各种教学策略和活动，有效激发学生的学习兴趣，可以促进学生在高职英语学习中取得更好的学习成效和实现更全面的发展。

四、实践性原则

高职英语教学的实践性原则在教学体系中占据重要地位，该原则主张通过真实或模拟的职业场景来培养学生的实际操作能力和问题解决能力。这种教学方式的核心价值在于缩小理论学习与实际应用之间的差距，使学生能够将课堂上学到的知识直接应用到实际工作中。

在高职英语教学中遵循实践性原则，能够帮助学生将抽象的语言知识转化为具体的职业技能。通过设计与真实职业环境相仿的学习情景，如项目管理和客户沟通模拟，学生能在安全的教学环境中尝试并练习英语的实际应用。这种教学策略不仅增强了学生的语言实践能力，还提高了他们对专业内容的理解和应用能力。例如，通过参与模拟的国际会议，学生可以练习使用英语进行演讲和交流，这样的活动有助于他们在未来的职业生涯中更自信地使用英语。

比如，高职毕业生既可利用语言优势从事面向国外的艺术品展销和解说，也能通过直播的方式，锻炼表达能力，增强自信。以广西的剪纸文化为例，剪纸始于南北朝，历经数千年，是一种根植于民间的古老艺术，被列入自治区级非物质文化遗产代表性项目名录，至今仍带有鲜明的地域特性。广西的剪纸可分为玉林地区剪纸、靖西剪纸和刺绣剪纸等，大都是在民俗应用中流传。如刺绣剪纸，以各少数民族的服饰花边作为刺绣底样，包括三江的侗族刺绣剪纸、龙胜刺绣剪纸、壮族刺绣剪纸。此类剪纸讲究图案吉祥，富有装饰性，属于纹样类，适合在东盟各国展示和销售，也可通过电子商务等渠道实现合作共赢。

此外，实践性原则还强调与企业的密切合作。教育机构通过与企业的合作，将企业的实际需求和案例引入课堂，使教学内容更贴近行业实际，从而提高教育的职业适应性和前瞻性。这种合作模式并不局限于提供实习机会，还包括共同开发课程和组织工作坊，让学生有机会直接从业内专家那里学习最新的行业知识和技能。

例如，广西区域型人才培养目标是“立足广西北部湾、服务‘三南’（西南、华南和中南）、沟通东中西、面向东南亚，以开放合作促开发建设，努力建成中国—东盟开放合作的物流基地、商贸基地、加工制造基地和信息交流中心，成为重要的国际区域经济合作区”，这正是践行实践性原则的生动实践。

随着实践性原则的应用，使高职英语教学不仅教授语言知识，而且重视学生技能的实际应用，这对学生未来在全球化职业环境中的竞争力有着直接的积极影响。学生通过参与真实或模拟的职业任务，学习如何在职业环境中有效地使用英语进行沟通和协作，这种经历极大地提升了他们解决实际问题的能力和创新思维，为其职业生涯的成功奠定了坚实的基础。

五、输入优先原则

对于我国学生来说，英语一般情况下都是作为第二语言来进行学习的，而在第二语言习得过程中，了解输入输出机制非常重要。在高职英语教学中不仅要以结果为导向，注重学生的产出和输出，还要注重学生的输入，因为只有足够的输入才能够为输出和产出做准备，这是学生语言能力发展的基石。

实施输入优先原则首先要确保足够的语言输入量，这对学生的语言能力提升尤为关键。在教学活动的设计中，应包括广泛的听力和阅读练习，覆盖不同的话题和语言风格，以拓展学生的语言经验和文化背景知识。通过不断的语言接触，学生的词汇量和语法掌握将逐步提升，这为他们日后的语言输出打下坚实的基础。

在高职英语教学中，要为学生提供大量的听力和阅读材料，进行语言输入。其丰富性和质量会直接影响学生的语言吸收效率。教师在教学设计中需要注重语言材料的选择，确保这些材料既符合学生的理解水平又能够拓展他们的知识边界。这种做法能够激发学生的学习兴趣，增强他们的学习动机，从而更有效地促进语言学习。此外，与学生生活经验和兴趣相结合的教材更能引起学生的共鸣，使他们在学习过程中保持高度的参与感和探索欲，这对于知识的深化理解尤为重要。

现代教育技术的利用是实现输入优先原则的有效方式。通过互联网资源和多媒体教学，教师可以引入更多真实、生动的语言材料，如国际新闻、专业讲座和实际对话等。这些材料不仅能增加教学的趣味性，还能使学习环境更加贴近真实的语言使用场景，增强学习的实际应用价值。

输入优先原则的核心在于为学生提供高质量和高密度的语言输入，这不仅有助于学生理解和吸收新知识，还能为他们提高语言输出能力打下坚实的基础。通过这种教学策略，高职英语教学能够更有效地满足学生的学习需求和职业发展需求，为学生在未来的职业生涯中使用英语提供强有力的支持。

第四节　高职英语教学与 OBE 理念的契合

OBE 理念之所以能够运用于高职英语教学，是因为 OBE 理念与高职英语教学在本质上是契合的，这种契合性表现在多个方面。

一、教学目标上的契合

OBE 理念在教育界被广泛应用，尤其是在高职英语教学中，因为其与高职英语的教学目标非常契合。高职英语教学不仅强调语言知识的掌握，更注重对学生实际应用能力的培养，与 OBE 理念的核心目标——以学习成果和能力培养为导向高度一致。

在高职英语教学中，教学内容和方法的设计紧密围绕实际工作能力的需求，不仅仅是教授语法和词汇，更重要的是如何将这些语言知识应用于实际的职业场景中，以及如何在教学过程中不断强化学生的实际应用能力，使其学以致用。例如，高职学生通常在将来的职业生涯中需要使用英语进行沟通、信息处理和专业交流，因此教学目标被设定为提高学生的职业英语交流能力，并根据教学目标开展模拟商务沟通、技术文档编写、客户服务交流等职业场景的训练，确保他们能在职场上有效运用英语。OBE 理念也主张教育活动应以预定的学习成果为基础，这些成果清晰地定义了学生完成学习后应具备的知识、技能和态度，并且这些知识、技能和态度是根据毕业后所需的工作能力而确定的，因此两者在教学目标上完美对接。

二、教学理念上的契合

教学理念主要包含“学习中心说”“学用一体说”“文化交流说”“关键能力说”“全人教育说”等。这些理念用于指导教学流程的设计、教学内容的选择和培养目标的确定。俗话说“大海航行靠舵手”，教学理念就像舵手一样把教学引领到正确的航向上。“学习中心说”和“学用一体说”用于指导教学流程，“文化交流说”遵循文化交流互鉴的理念，提倡不同民族互相尊重彼此文化、互相学习对方文化的精华，反对文化霸权和文化歧视。这一理念是选择教学内容的依据。“关键能力说”与“全人教育说”的精神一致，根据工作岗位制定培养目标，指出学生应具备哪些明确的关键能力，同时贯彻立德树人的理念。

OBE 教学理念强调以需求为出发点，通过“反向设计、正向实施”的教学流程确保课程内容与实际目标需求相吻合。高职英语的教学理念也是需求导向，因为学生毕业后面临的主要挑战就是如何将所学知识应用于实际工作中。因此，高职英语课程的设计必须充分考虑社会需求、行业需求以及用人单位的具体要求，确保学生在学习过程中能够获得与职业生涯密切相关的知识和技能。这就要求高职英语教学理念不仅是语言知识的传授，还包括培养能够适应快速变化的职场环境的人才。通过这些能力的培养，学生能够更好地适应未来工作中的多样化需求，提高他们的职业竞争力。

OBE 理念的成果导向，要求教学内容紧跟社会和行业的发展动态，强调课程中应融入最新的行业信息、市场趋势和职业标准。这种对接有助于学生更好地理解行业背景和发展趋势，从而提升他们的职业素养和竞争力，使得他们可以获得预设教学成果中要求的能力。在 OBE 理念下，高职英语课程学习成果不仅包括语言能力的提升，还涵盖与职业相关的综合素质培养，涉及沟通能力、团队合作能力和跨文化交流能力等多个方面。因此，两者在理念上是契合的。

三、教学内容上的契合

OBE 理念和高职英语教学在教学内容上的核心相似性在于双方均以需求为导向进行课程设计。这种以需求为导向的教学模式意味着教学活动的设计和实施都是基于明确的、实际的职业需求或学习成果的要求。

在 OBE 理念中，教学内容的设计始于明确的结果要求，即学习成果。教育目标不是抽象的知识灌输，而是具体、可衡量的学习成果，这些成果与学生将来在职场上需要具备的能力和技能直接对应。这种做法要求教育者首先明确每门课程所期望达到的具体能力，然后逆向设计课程内容，确保每个教学环节都紧密围绕这些预定成果展开。

同样，高职英语教学也强调教学内容的职业相关性和实用性。高职教育的特点在于为特定的职业领域或行业培养技能型人才，因此，教学内容的设置必须紧贴行业需求和用人单位的具体要求。教师在设计课程时，会考虑学生将来职业生涯中可能遇到的具体语言使用场景，如商务沟通、技术说明、客户服务等，并据此设计相应的教学活动和内容。

OBE 理念和高职英语教学都将教学内容的实际应用性放在首位。在 OBE 理念中，实际应用性是通过学习成果的具体化来实现的，每个学习成果都必须是可操作、可实施的，学生必须能够在实际工作中直接应用所学知识和技能。高职英语教学同样要求课程内容不仅局限于理论知识的传授，更重要的是如何将这些知识应用于实际职业场景中，提高学生的职业适应性和职业技能。

以需求为导向的课程内容往往需要根据行业发展和市场变化进行动态调整。在 OBE 理念中，随着职业标准的更新和行业需求的变化，学习成果需要进行相应的更新，以保证教育内容的时效性和相关性。高职英语教学也是如此，教师需要不断地更新教学材料和案例，引入新的行业动态，确保学生能够掌握最新的职业语言和技能。

这种以需求为导向的教学内容的设定使 OBE 理念和高职英语教学在教育实践中实现了高度的一致性，两者都致力使学生的学习更具目标性、实用性和适应性，直接对接职业需求和市场变化，从而更有效地促进学生的职业发展和职业成功。因此，两者在教学内容方面是契合的。

四、评价方式上的契合

OBE 理念强调评价应与学习成果直接相关，这意味着评估的重点应放在学生的实际表现上，而非单纯的理论知识测试。这一原则促使高职英语教学在评价方式上更加关注学生在真实情景中的应用能力。例如，教师可能采用项目评估、案例分析、角色扮演等方法，让学生在模拟真实工作环境中展示其语言能力和职业素养。这种方式不仅能够真实地反映学生的英语应用水平，还能够评估其解决问题的能力和团队协作能力。OBE 理念提倡多元化的评价方式，强调通过多种方式全面综合评估学生的学习成果，这一点与高职英语教学评价原则一致。在高职英语课程中，由于高职英语教学性质，学生不仅需要在学校完成理论知识的学习，还要进行社会实践、顶岗实习等，这就要求评价要结合多种评价方式，全面了解学生各方面的能力，关注他们是否能将这些能力转化为实际的职业技能，而不仅仅在理论考试课程上进行评价。这种多元化的评价方式不仅提高了评估的准确性，还让学生能够从不同角度认识自身的优缺点，促进个性化发展。因此，两者在评价方式上具有契合性，均强调评价要更加聚焦学生的长远发展和实际需要，培养他们成为符合市场需求的高素质专业人才。

第三章　基于 OBE 理念的高职英语课堂教学

第一节　基于 OBE 理念的高职英语课堂教学模式

OBE 理念强调教育活动应围绕预定的学习成果进行设计和实施，确保学生能够达到具体的职业能力要求。下面列举几种符合该理念，并且适用高职英语教学的教学模式。

一、翻转课堂教学模式

（一）翻转课堂模式的定义

翻转课堂模式，是英文“Flipped Classroom”的中文翻译。此教学模式基于信息技术，充分利用现有的信息化学习资源，指引学生在课前通过观看教学视频或其他预习材料进行自主学习，允许学生借助网络和电脑等工具查询资料，独立掌握和理解知识点，然后将课堂上大部分时间用来进行互动和交流。

翻转课堂的核心在于调整教学的时间安排和师生角色，相对于传统教学模式，它实现了教学活动的“翻转”。在传统教学模式中，教师主导课堂，通过讲述新知识、解释概念及展示问题解决方法等手段传授教学内容，学生则主要承担上课认真听讲和记笔记、课后独立完成作业的任务。这种模式强调教师的主导地位，学生主要是知识的接受者。相比之下，翻转课堂将学生的学习活动置于教师讲解之前。学生在课前通过观看教师录制的视频、阅读材料或利用其他数字资源自主学习课程内容，从而提前接受知识。这种安排使学生在进入课堂之前就对教学内容有了初步理解和消化，课堂时间则用于进行深入的互动交流，如讨论、解决复杂问题和小组合作等，更加强调学生的参与和实践应用。教师更多扮演引导者和促进者的角色，而非单纯的知识传递者。

翻转课堂模式的创新之处在于，它不仅调换了传统的课前自学和课中教学的内容，而且在时间上进行了转换。通过这种方式，旨在更高效地利用课堂时间，提升学生的主动学习能力，增强教学过程的互动性和实践性。这种模式的实施，不是教学活动的简单翻转，而是对教学方式的一种深度革新。

（二）翻转课堂模式在高职英语教学中的应用

翻转课堂模式在高职英语教学中的实施既要求教师精心设计教学内容和活动，也需要学生主动参与学习过程。这一模式的成功实施能够极大地提高学生的语言应用能力和批判性思维，使他们更好地为进入职场做准备。翻转课堂模式在高职英语教学中应用的步骤主要有以下四步，如图 3-1 所示。

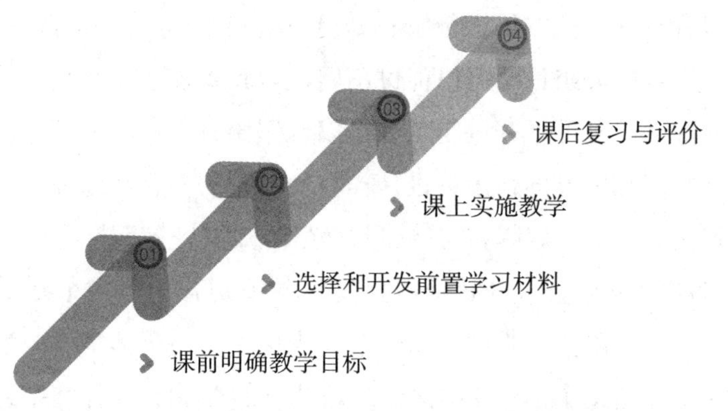

图 3-1　翻转课堂模式在高职英语教学中应用的步骤

1. 课前明确教学目标

在开始设计翻转课堂之前，教师需要明确课程的教学目标和预期学习成果。这些目标和成果应当与学生的职业需求和课程标准紧密相关，确保所有的教学活动都能够有助于学生达到这些目标。例如，在高职英语课程中，教学目标可能包括提高学生的职业交流能力、报告撰写能力以及团队合作能力等。

2. 选择和开发前置学习材料

翻转课堂要求学生在上课之前完成学习材料的学习，因此选择合适的前置学习材料至关重要。这些材料可以是视频讲座、在线课程、阅读材料或其他互动内容，材料内容要与教学目标紧密对应。教师可以利用现有的资源、自制视频等材料，有效地传授关键概念和知识点。此外，教师还需要提供指导和支持，帮助学生理解如何有效利用这些材料。

3. 课上实施教学

课堂这一阶段的设计和执行直接关系到学生能否将课前通过视频等材料自学的内容转化为实际的语言应用能力。教师需要在课堂上根据学生的学习背景和个性差异进行精心分组，以确保小组内成员的多样性和互补性。有效的分组策略可以促进不同能力和兴趣的学生相互学习，增强团队内的动态互助。开展小组合作以合作探究为核心，教师在这一过程中发挥协调和引导的作用，设计具有挑战性的问题和任务，促使学生在讨论和交流中深入理解和扩展课前学习的知识。

在小组探究活动中，教师需要观察并识别各小组或个别学生的具体需求。在这一阶段，教师的角色转变为更加关注个体学生的学习进度和理解深度，通过个别化指导来解决学生在自学和合作探究中遇到的难题。教师可以通过小组讨论、一对一辅导或小范围的研讨提供具有针对性的反馈和指导，帮助学生克服具体的学习障碍，确保每位学生都能在理解和应用上取得进步。

教师将引导学生通过更加实际的语言应用活动来深化其语言技能，如角色扮演、情景模拟等。这些活动不仅能帮助学生巩固和拓展理论知识，更重要的是能增强学生将英语知识转化为实际交流的能力。通过模拟真实世界的交流场景，学生能够在安全的学习环境中实践语言使用，提高使用语言的自然性和准确性。

4. 课后复习与评价

在翻转课堂中，课后复习与评价阶段是确保教学效果和提升学习成效的关键环节。这一阶段的设计和实施不仅关注学生的即时表现和学习结果的评价，还重视通过系统的复习活动帮助学生巩固和深化对课程内容的理解及应用。有效的课后复习能够确保学生将新学的知识转化为实际的语言运用能力。

教师需要精心设计复习活动，确保学生能够对课堂上学到的知识进行系统的复习和巩固。复习活动可以采用多种形式，包括但不限于自测题目、复习指南、互动式在线平台等。这些复习活动应使学生能够自我检测，回顾关键概念和课堂上讨论的难点。例如，学生可以设置在线测验评估自己对核心语法点和词汇的掌握情况，或者通过虚拟角色扮演活动来复习课堂上的对话练习。

教师在课后应进行综合性的学习评价，这不仅包括对学生在课堂上的参与度、作业完成质量、小组活动表现的评价，还包括对他们的合作能力和创新思维能力的评价。这种评价体系应结合形成性评价与总结性评价，不断提供反馈和动态调整教学策略。例如，可以通过学生的反思日志来评价他们对自身学习过程的理解，或通过小组项目展示来观察学生如何将课堂知识应用于实际情境。

教师应利用多样化的方法来激励学生，并检验他们对所学知识的理解和应用能力，如项目展示、口头报告、写作作业等。这些活动不仅帮助教师评价学生的学习成果，同时也鼓励学生展示自己的成果，与同伴分享学习经验，鼓励学生主动学习和创新，促进他们在实际应用中语言能力的提高。

通过这样的课后复习和评价机制，翻转课堂模式能够最大限度地提高学生的英语应用能力，确保每个学生都能在自己的学习路径上取得持续的进步。教师的系统性复习和全面评价对于学生的长期学术成长和职业准备至关重要，能够帮助他们在未来的职业生涯中有效地运用英语，实现学习目标和职业目标。

通过上述环节的有机结合，翻转课堂在高职英语教学中能够极大地优化教学流程，提高学生的英语综合应用能力，确保学生能够在实际的职业和社会交际中有效运用英语。

（三）翻转课堂模式实施的注意事项

1. 教师层面

随着信息技术的不断进步，翻转课堂模式愈加依赖这些技术的整合，以优化教学流程和提升学习体验。现代教育技术（如互联网、云计算、学习分析和人工智能）不仅为教学活动提供了支持，还增强了教学活动的智能化和个性化。这些技术的合理应用是翻转课堂成功实施的关键。

利用视频编辑软件和其他多媒体工具，教师可以制作高质量的教学视频。这些视频不仅信息丰富，还有着很强的视觉吸引力，以促进学生的预习兴趣。视频和其他学习材料应通过易于访问的在线平台共享，使学生可以随时随地进行学习。

选择合适的学习管理系统和课程管理系统至关重要，这些系统应支持课前预习、课中互动及课后反馈和数据分析等全方位功能。这些系统不仅优化了资源分配和学习过程管理，还通过数据收集和分析提供了针对学生表现的即时反馈，助力教师调整教学策略。

学生的学习终端，如智能手机、平板电脑或笔记本电脑，应支持他们访问在线资源、进行互动学习和完成练习。这些终端设备的兼容性和访问性对学习的连续性和效果有直接影响。

建设一个功能全面而稳定的网络教学环境是实施翻转课堂的基础。这包括高可用性的网络连接、安全的数据存储解决方案和有效的网络安全措施，以保护学生和教师的信息安全。

在采用翻转课堂模式时，必须考虑技术应用可能带来的挑战，如设备兼容性问题、网络安全问题以及数据隐私保护等问题。教师和学校管理者应定期评估和更新使用的技术工具和平台，确保它们能满足教学需求并符合最新的安全标准。

通过有效整合这些先进的信息技术和管理相应的学习资源，翻转课堂模式能够极大地提高教学效率和激发学生的学习动机。同时，教师需在技术使用中保持警惕，应对可能的技术障碍，确保教学活动的顺利进行，最终实现提升学生英语应用能力的教学目标。

2. 学生层面

在信息化背景下，翻转课堂模式对学生的信息素养和应用能力也提出了更高的要求。在翻转课堂教学模式中，学生需要在课前自主通过网络平台获取和处理学习资源，这不仅测试了他们获取教学视频和相关材料的能力，还涉及在线交流和自我评估的技能。因此，要成功实施翻转课堂，学生必须具备高效的信息检索、筛选、判断和整合能力，能够在庞大的网络信息中快速找到所需要的内容，并对其进行适当的处理和创新性应用。

在这种教学模式下，学生的自主学习能力尤为关键。他们必须在没有教师现场指导的情况下完成大量的课前自学任务，这不仅要求他们具备强大的自我控制能力，还要求他们能够有效地管理和规划自己的学习时间。教师在课程开始前应当教会学生如何制订实用的学习计划，并通过持续地引导帮助他们适应这种以学生为中心的学习方式。此外，家长和学校也应该提供必要的支持和监督，确保学生能够有效地完成课前学习并及时解决在学习过程中遇到的问题。

此外，合作学习是翻转课堂中的一个重要组成部分。通过小组合作，学生可以在同伴的帮助下深入探讨和理解课前学习的内容，这种方式能够显著提高学习的动态性和互动性。然而，合作学习的实施也可能面临参与度不均、课堂纪律松散等问题。为了解决这些问题，教师需要通过持续的引导和有效的小组管理，确保每位学生都能在合作中发挥作用，优化小组内的互动，从而提升整体的学习效果。

通过这些策略的实施，翻转课堂不仅可以显著提升学生的英语应用能力，还能培养他们的信息化素养、自主学习和团队协作能力。这些能力在信息化快速发展的今天尤为重要，它们将帮助学生在未来的职业生涯中展现更强的竞争力和适应力，使他们能够有效地应对日益复杂的工作环境和挑战。

二、任务型教学模式

除了翻转课堂模式以外，任务型教学模式也是一种符合 OBE 理念的课堂教学模式。

（一）任务型教学的定义

任务型教学，通常被称为任务型语言教学（Task-based Language Teaching，TBLT），是一种以完成具体任务为核心的语言教学方法，主张通过实际的语言使用来促进学习。这种方法源自 20 世纪 80 年代，建立在“通过实践学习”（Learning by Doing）的理念上，是交际教学法的发展和延伸，在全球语言教育领域广受欢迎。近年来，任务型教学逐渐被融入我国的基础英语教学体系中，成为外语教学改革的重要趋势之一。

在任务型教学模式中，语言学习被视为一种通过参与实际交际活动而发展的过程，而非单纯依赖传统的语法训练和知识灌输。教师在这一模式下设计的课堂任务具体而实际，围绕特定的交际目标，让学生能够在真实的语境中有效使用语言，从而更好地适应未来的学术和职业需求。学生在完成任务的过程中，通过参与讨论、沟通、谈判、解释和提问等多样的语言活动，在完成实际的语言任务的同时，有效地应用语言技能，实现语言技能的掌握和提升。这种实践性导向与高职英语教学要求以及 OBE 理念相契合，非常适合高职英语教学。

任务型教学法强调以学生为中心，重视认知和心理语言学在语言学习过程中的作用。这种方法通过创造以意义构建为核心的互动性活动，为学生提供了参与真实交际任务的机会。在这些活动中，学生被鼓励关注语言的实际交际功能，利用现有的知识和资源在互动中学习和获取新信息，最终完成任务。通过这种开放和目标导向的学习方式，学生能够逐步达到预设的学习目标。

此外，任务型教学不仅是一种语言教学方法，它还整合了多种教学策略的优点，可以与其他教学法相互补充、共同实施。

（二）任务型教学模式的构成要素

实施任务型教学模式主要有以下六个构成要素，如图 3-2 所示。

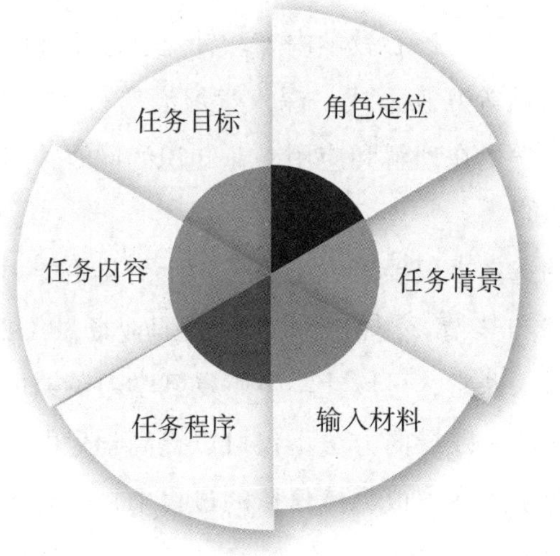

图 3-2　任务型教学模式的构成要素

1. 任务目标

任务目标是任务型教学模式的核心，用以指导整个教学活动的设计和实施。在高职英语教学中，任务目标的设定通常基于学生的职业发展需求和交际场景的实际要求。例如，如果任务是“商务谈判”，那么任务目标不仅是让学生掌握谈判技巧，还包括提升他们的战略思维、决策能力以及跨文化交流能力。这些目标应明确具体，既包含语言技能的提升，也涵盖职业技能和软技能的培养。教师在设定任务目标时，需要综合考虑任务的实际应用价值和教学目的，确保学生完成任务后能获得知识技能的提升和实际应用能力的增强。良好的任务目标设定能够激发学生的学习兴趣，提高他们的参与度和学习成效。

2. 任务内容

在任务型教学模式中，任务内容是核心要素之一，它涉及完成教学任务所需的具体行为和活动。这些内容不仅应与学生的专业特点紧密结合，还应考虑他们的实际需求，确保教学既实用又充满教育意义。

以高职英语教学为例，当设计针对酒店管理专业的英语任务时，可以将“客户服务”作为核心教学内容。针对这一主题，学生可以通过角色扮演、模拟对话等互动形式，深入学习酒店行业中的英语交际技能。这种教学安排使学生在理解和应用专业知识的同时，显著提高他们的职业技能和语言技能。

教学内容的选择不仅要着眼于提升学生的英语能力，还应激发他们的学习兴趣和参与热情。例如，将实际的职业场景（如客户投诉处理、预订确认等）引入课堂，可以让学生感受到学习英语的直接应用价值和长远益处。这样的实践导向方法不仅可以提高学生的学习动力，还优化了教学成效，使学生在完成具体任务的过程中，能有效地将语言知识转化为实际操作能力。

3. 任务程序

任务程序是任务型教学模式中确保教学活动有效进行的关键要素，涉及完成任务时应遵循的操作方法和步骤。在高职英语教学中，程序的设计必须考虑学生的学习特点、课程目标及任务的复杂性。有效的程序设计不仅包括明确的任务执行顺序和时间安排，还涉及活动的具体组织方式，以确保每个步骤都能有效支持学习目标的达成。

例如，若任务是为即将开展的国际会议准备一份展示资料，那么工作程序可能包括：首先，学生须收集与会议主题相关的资料，进行初步的资料整理；其次，通过小组讨论，形成初步的展示草案；再次，进行模拟演练，收集同伴反馈，对展示内容进行调整和完善；最后，进行实际的展示和全班评议。这样的步骤安排不仅保证了任务的逻辑性，还促进了学生的积极参与和互动，有助于学生在完成具体任务的同时逐步提升其语言能力和专业技能。

任务程序的合理安排既可以使教学活动更加有序，也能提高学生的学习效率。通过明确教学活动的步骤和阶段性的目标，学生能够清晰地了解自己的学习进度和即将面临的挑战，从而更好地准备和调整自己的学习策略，有效地实现教学目标。

4. 输入材料

输入材料在任务型教学模式中起着至关重要的作用，它提供了完成任务所需要的基础信息和资源。这些材料可以是文字形式的，如专业文章、新闻报道、学术论文等，也可以是非文字形式的，如图表、视频或互动软件等。这些材料的选择应与学生的专业领域紧密相关，确保材料的实用性和教育意义。

在高职英语教学中，选择与学生专业相关的输入材料尤为重要，因为这些材料直接关系到学生能否将学到的英语知识应用到实际工作中。例如，对于学习商务英语的学生，可以提供真实的商业合同和谈判录音作为学习材料；对于学习医疗英语的学生，则可以使用医学报告和病例等。通过这样的实际材料，学生不仅可以学习专业词汇和表达，还能在真实的语境中练习英语，增强其语言的实际应用能力。

输入材料的有效使用可以显著提升教学的互动性和现实感，使学习活动更加具体和生动。此外，通过引入多样化的输入材料，教师能够创造丰富多样的学习环境，激发学生的学习兴趣，提高他们的参与度和学习积极性。这种方式不仅有助于学生掌握必要的语言技能，还能够促进他们的批判性思维和创新能力的发展。

5. 任务情景

任务情景是任务型教学模式中的关键要素，它为学生提供了执行任务的具体环境和背景。情景的设定应贴近学生的实际生活或将来可能进入的职业环境，从而增强学习的现实意义和应用价值。例如，在高职英语教学中，如果目标是提升学生的商务英语能力，情景可以设置为商务会议、国际贸易谈判或客户服务等。

通过这种实际情景的模拟，学生可以在与专业相关的语境中练习英语，这不仅有助于提高他们的语言技能，也增强了对专业知识的应用和理解。情景的设计还应促进学生的互动和参与，通过与他人的交流和协作来解决问题，从而加深他们对学习内容的理解。

在设计情景时，教师应考虑其真实性和相关性，确保情景能够有效地模拟学生将来可能遇到的职业场景。同时，情景应具有足够的灵活性，以适应不同学生的学习需求和背景，确保所有学生都能从中获得必要的学习体验和技能提升。

6. 角色定位

在任务型教学模式中，角色定位是核心要素之一，它重新定义了教师和学生在教学过程中的互动方式。教师在这种模式下转变为引导者、协助者和促进者，他们的主要职责是设计和组织学习任务，提供必要的资源，监督进程，并在学生遇到困难时提供支持和指导。这种角色转变要求教师不仅是传授知识，更重要的是激发学生的探索精神和培养学生的自主学习能力。

学生的角色是任务的主动执行者和合作者。在任务型学习中，学生需要积极参与任务的各个阶段，从任务的规划、执行到评估，在这一过程中学生不断使用目标语言进行交流，通过实际操作来深化对语言的掌握。在高职英语教学中，这种角色设定尤为重要，因为它直接关系到学生将来在职场上的实际应用能力。教师通过创建真实或模拟的职业场景，促使学生在解决实际问题的同时，提升其英语交际能力和职业技能。

（三）任务型教学模式在高职英语教学中实施的步骤

任务型教学模式在高职英语教学中实施时，可以按照以下四个步骤进行，如图 3-3 所示。

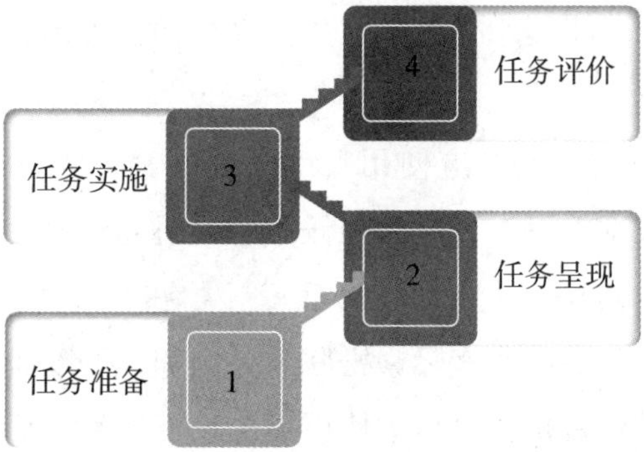

4 任务评价
3 任务实施
2 任务呈现
1 任务准备

图 3-3 任务型教学模式在高职英语教学中实施的步骤

1. 任务准备

任务准备是任务型教学模式中的关键环节，目的是帮助学生为即将展开的学习活动打下坚实的基础。在这一阶段，教师需要通过各种方式激活学生的先验知识和思维模式，如通过引导学生讨论、阅读背景材料或进行小组研讨会。这一过程不仅帮助学生构建对即将学习主题的初步理解，而且通过这种积极的“预热”活动，增强他们的语言技能和学习动力。

在高职英语教学中，任务准备工作的重点是确保所提供的材料具有高度的实用性和职业相关性。教师需要精心选择与学生未来职业相关的真实材料，如行业报告、专业文章或职业场景模拟等。同时，教师应考虑任务的难易程度，确保任务有一定的难度，又不至于超出他们的当前能力水平。适当的难度设置能够保证学生既不会因感到过于轻松而失去学习兴趣，也不会因难度过大而感到挫败。

2. 任务呈现

任务呈现阶段是将详细的任务内容和目标介绍给学生的过程，这一步骤对于确保学生明确学习目标和期望成果至关重要。在这一阶段，教师需要清晰地阐述任务的具体要求、目标及完成任务所需的步骤。此外，教师还应向学生展示任务完成的标准和评估方式，确保学生对成果有明确的预期。

在呈现任务时，教师应使用吸引学生注意力的方法，如多媒体演示、实物展示或案例研讨，以增加任务的吸引力。教师还应根据学生的具体学习情况，创建一个充满挑战而又不失趣味的学习环境，创设情境使任务内容与学生的专业实际紧密联系。例如，可以通过模拟一个商务谈判场景，让学生在角色扮演中使用英语进行谈判，从而提高他们的专业英语应用能力和交际技巧。

3. 任务实施

任务实施是任务型教学模式中至关重要的阶段，它直接影响教学的效果和学生的学习成果。在这一阶段，教师的主要角色从传统的讲授者转变为引导者和协助者，而学生则主动参与到各种学习活动中，通过实际操作来深化对知识的理解和应用，最终达到预期的教学目标。

在高职英语教学中，要确保任务实施的有效性，需要教师精心设计任务，并根据学生的具体能力和学习条件调整任务的难度。

小组活动是任务实施中常用的一种方式，这不仅有助于提升学生的合作能力和社交技能，还能通过小组互助来促进学习的深入。在小组活动中，每位学生都应承担相应的角色和责任，确保团队的合作能够高效运作。教师在这一过程中应扮演观察者和指导者的角色，及时提供必要的支持和反馈，帮助学生解决在学习过程中遇到的问题。

教师与学生之间的积极互动对任务实施非常重要。通过参与学生的小组讨论和活动，教师不仅可以加强与学生的关系，还可以直接观察学生的学习进度，发现学生存在的问题。这种互动有助于建立一个平等和谐的学习环境，使学生能够在轻松的氛围中学习，从而提高学习效果。

4. 任务评价

任务评价阶段是任务型教学过程中不可或缺的环节，它为整个学习活动的总结和深度反馈提供了机会。这一阶段的主要目的是通过对任务执行的综合评价来反思教学成果，并指导未来的教学方向和学生的学习路径。在高职英语教学中，这一阶段尤为重要，因为它可以帮助学生和教师全面理解学习活动的效果，并根据反馈调整教学策略。

通常，在任务完成后，学生会在课堂上进行汇报，展示他们的任务成果。这不仅是他们展示所学知识和技能的机会，也是对自己在任务中的表现进行自我总结的时刻。学生在汇报中应包括他们在执行任务过程中遇到的挑战、实现的成就以及从中获得的经验。这一环节不仅促进了学生之间的交流和学习，还增强了课堂的互动性和学生的参与感。

教师在此阶段的角色转变为评估者和辅导者。他们需要综合评价学生的表现，这包括对学生完成任务的结果和过程中的各个方面（如团队合作、创新思维和问题解决策略等）进行评价。这种评价应全面而公正，既肯定学生的努力和成就，也要指出他们需要改进的地方，帮助学生明确自己的强项和弱项，从而激励他们继续进步。

同伴之间的互评是这一阶段的重要组成部分，它鼓励学生从同伴的角度进行思考和评价，增强批判性思维和自我反思的能力。学生通过给予和接受同伴的反馈，可以在相互尊重的基础上增进理解和认知，促进个人和团队的持续发展。

在高职英语教学中，任务评价不仅应关注学生语言能力的提升，还应综合考量他们的交际能力、文化理解和专业应用能力等。这种多维度的评价更贴合任务型教学的实践性和综合性特点，有助于全面满足学生的专业学习需求和未来职业发展的要求。

三、POA 教学模式

产出导向法（Production-oriented Approach，POA）是由我国学者文秋芳于 2015 年提出的一种创新的外语教学方法。该方法是针对传统教学方法在实际语言运用能力提升方面的不足，为了更好地适应我国外语教学而设计研发的一种教学理念。POA 也是一种以产出结果为导向的教学模式，与 OBE 理念具有异曲同工之处，非常适用于高职英语教学。

（一）POA 教学模式的理论内涵

POA 教学模式理论的核心在于强调学生语言的实际产出，其目的是将学习与使用紧密结合，即通过实践中的语言应用来提升学习效果，这种理念与 OBE 教学理念类似。POA 理念基于认知语言学的观点，认为语言能力的发展需要在真实语境中通过语言的实际使用来完成。传统的外语教学过于强调语言知识的输入（如语法、词汇的记忆），忽视了语言技能的输出，这往往导致学生虽然语法知识扎实，但在实际交流中却难以有效使用英语，达不到预期的教学效果。

POA 通过两个关键步骤实现其教学目标：首先，教师提供必要的输入，如语言知识和文化背景信息，以及具体语境中的应用示例；其次，学生在教师的引导下，通过模拟真实的交际情景来练习语言，如进行角色扮演、讨论、演讲等。这一阶段不仅是语言技能的训练，还是一个策略运用和问题解决的过程，学生需要在实际语言使用中不断调整和完善自己的表达。

POA 教学模式提出四个教学假设：输出驱动假设、输入促成假设、选择学习假设和以评为学假设。第一，“输出驱动假设”主要针对接受正规外语教育、具有一定外语语言基础的学生提出的。具体主张包括：就教学过程而言，输出比输入对外语学习的内驱力更大，它不仅可以促进接受性语言知识的运用，而且可以激发学生学习新语言知识的欲望；就教学目标而言，培养说、写、译的表达性技能更符合社会需要，因此，说、写、译等表达性技能为显性考核目标，听和读等接受性技能为隐性目标；根据社会就业的实际需要，学习者可以从说、写、译中选择一种或几种输出技能作为自己的显性学习目标。第二，“输入促成假设”主张在输出驱动的条件下，适时提供能够促成产出的恰当输入与不提供输入相比，能够取得更好的教学效果。换句话说，这里的“输入”要有针对性、可学性、促成性，输入与输出任务精准对接，有效地促成输出的顺利完成，与斯蒂芬·克拉申（Stephen D. Krashen）的“输入假设”有明显区别，它既不是二语习得理论范畴，也不是语言习得的大量输入后的自然产物，而是经过刻意训练后的输出，涉及课堂教学程序。第三，“选择学习假设”认为以目标为导向的重点学习比“全面精学”的效率高，反对将传统的以课文为中心的精读方式应用到第二语言教学中。在当今信息如潮的时代，碎片化学习成为一种新型的学习方式。同时，科学证明，人脑在同一时间加工、储存和调用信息的能力有限。因此提倡达成目标的需要，从输入中选择学习所需要的内容、语言和话语结构，对产出不急需的输入材料可以降低要求，如只要求理解，不要求产出，有的甚至搁置不学。第四，“以评为学假设”认为课堂教学中评学结合比评学分离能够取得更好的教学效果。该假设的提出有两个目的：一是提高教师对评价的认识，二是克服传统评价存在的弊端。评价是学生学习得到强化和升华的关键节点，教师必须将此列为教学循环链中必不可少的环节。这就好比种植水稻，如果只花大力气育秧、插秧，而对后期工作管理不力，最终的收获也只能听天由命。同理，在外语教学中，评价相当于后期管理，接近学习成功的终点，需要教师付出更多的努力。

POA 教学还强调反馈的重要性。学生在每次语言产出后，都应该得到来自教师和同伴的即时反馈。这种反馈旨在帮助学生识别并修正其语言产出中的错误，提高语言准确性和流畅性。

（二）POA 教学模式的实施环节

POA 教学模式的实施可以分为三个环节：驱动、促成、评价。

1. 驱动环节

在 POA 的实施过程中，驱动环节扮演着至关重要的角色，它不仅启动了整个教学活动，而且在激发学生的学习兴趣和提高学生实际语言应用能力方面起到了关键作用。教师需要精心策划这一环节，以确保学生在参与中发现自我潜能的同时，也能够明确自己的学习目标和方向。

教师在驱动环节的主要任务是通过产出尝试使学生认识到自己的不足，从而调动他们的学习积极性，刺激他们产生学习欲望。根据学生参与方式的不同，驱动可分为直接和间接两种。前者在教师介绍交际场景和产出活动要求后，直接让学生尝试完成新产出活动；后者用微视频方式，展现与他们水平相当的学生尝试完成新产出活动的场景，让学生意识到，如果自己去尝试完成也会有类似困难。驱动环节的主要作用是通过设置具体的交际任务，激发学生对知识的渴望和使用语言解决问题的积极性。这些任务应具有明确的职业导向性，与学生的专业实践紧密相关，以增强学习的实用性和目标性。例如，在高职英语教学中，如果学生主修的是商务英语，教师就可以设计一个围绕国际市场营销策划的场景，让学生准备一份针对特定产品的市场进入报告。要完成这样的任务，学生不仅需要使用英语来撰写报告，还需要在此过程中运用其市场分析的专业知识，真正实现学以致用。

评估“驱动环节”质量指标有三个：交际真实性、认知挑战性和产出目标恰当性。交际真实性是指所设计的产出活动一定是现在或者将来可能发生的交际活动。例如，中国学生要求马来西亚留学生用汉语在“世界青年说”中描述“马来西亚人眼中的中国人”。这项任务就具有交际真实性，因为演讲者来自不同国家，他们的听众是中国人。认知挑战性是指教师设计的产出活动一方面要增加学生的知识量，另一方面要促进学生的思维能力发展。产出目标恰当性是指要求学生尝试产出的任务符合学生的语言水平，不要让学生感到任务难度太大，无法完成。

在进行驱动环节的设计时，教师需要注意几个关键点。首先，任务的设计应确保与学生的专业背景和未来职业发展紧密结合，这样学生在完成任务时能更有目的性和动力。其次，任务的难度需要适中，既不能太简单，以致无法激发学生的挑战性和探索性，也不能太难，以免学生感到挫败，从而削弱了学生的学习动机。最后，教师在设计任务时应考虑学生的实际英语水平和专业能力，适时调整任务内容，驱动方式要符合学生的心理特征。例如，在尝试阶段，最好不要请某一个学生在现场进行口头展示，以免在公众场合过于尴尬，确保每个学生都能在挑战中获得自信和成长，并且学有所得。

此外，教师在驱动环节中的引导非常关键。教师应通过提问、讨论等形式，引导学生思考如何利用英语完成任务，同时要给予学生充分的自主性，以便他们在尝试中发现问题并寻找解决策略。在学生尝试产出的过程中，教师应提供必要的支持和反馈，帮助学生及时调整学习策略和方法，有效提升他们的语言应用能力。

2. 促成环节

教师在促成环节的主要任务是帮助学生“逢山开路、遇水架桥”，有针对性地为学生完成产出活动提供“脚手架”。需要指出的是，这里所说的促成活动既包括对输入的加工，也包括输出活动的完成，无须明确区分是输入还是输出。至关重要的是，整个促成过程应体现“学用一体”理念。完成每项产出活动需要具备三个条件：内容、语言和话语结构。依据这三个条件，教师首先提供相应的输入材料，同时要设计系列活动，帮助学生将其从输入材料中获取的接受性知识转化为产出性知识。衡量促成活动的有效性有三个指标：精准性、渐进性和多样性。精准性是指促成活动一要对准预先设立的产出目标，二要对准学生产出中的困难。渐进性是指促成活动要沿着语言和技能两个相互联系的维度循序渐进。多样性涵盖三个方面：信息传递渠道、交际类型和活动组织方式。信息传递渠道包括输入活动（听、读）和输出活动（说、写、译）。交际类型以听为例，有演讲、故事、新闻、对话、讨论、辩论、访谈等；以说为例，有个人独白、角色扮演、有备演讲、即席演讲、小组辩论等。活动组织形式有个人活动、结对活动、小组活动和大班讨论。多样性的促成活动能使课堂教学丰富多彩，让学生交替使用大脑的不同加工机制，以提高学习效率。

在高职英语教学实践中，促成环节尤为重要，因为这一阶段直接关系到学生能否将英语知识应用于未来的职业生涯中。例如，教师可以设计一系列与学生专业相关的任务，如商务报告编写、客户沟通模拟等，这些任务不仅让学生运用英语进行专业交流，也促使他们在真实或模拟的职业环境中解决问题。

教师的角色在这一环节中转变为辅导者和协助者。他们需要提供具体的学习材料和实例，如相关的语法结构、专业词汇以及交际策略等，同时还需提供反馈，帮助学生优化其语言输出。例如，如果学生在进行客户服务模拟时遇到困难，教师可以提供一些典型的对话脚本和表达方式，引导学生学会在不同的情境下使用适当的语言策略和礼貌用语。

教师应通过建立互动的学习环境，鼓励学生进行小组合作和讨论，这不仅能增强学生的交流与合作能力，还能提高他们解决实际问题的能力。通过这种方式，学生既能在互动中发现自己的不足，也能从同伴那里获得新的见解和方法。

促成环节的有效实施需要教师在过程中积极引导和支持，通过结构化的教学活动和实时反馈，帮助学生将理论知识转化为实际应用能力。这种从理论到实践的转换对于高职学生的英语学习尤为重要，它不仅提升了学生的语言能力，还增强了他们未来在专业领域中运用英语的自信和能力。

3. 评价环节

在 POA 教学模式中，评价环节是教学过程的核心组成部分，其主要功能是通过系统的反馈机制确保学生的学习成效得到实时监控和长期提升。这一环节主要分为即时评价和延时评价两种形式，各有其独特的作用和重要性。

即时评价主要发生在教学活动的“促成”阶段，教师对学生在各种语言实践活动中的表现进行实时反馈。这种评价方式便于教师观察学生在实际语言使用中的表现，并及时调整教学方法，确保教学内容和学生的实际需求紧密对接。在高职英语教学中，即时评价可以通过直接观察学生在模拟商务谈判、客户服务互动等任务中的语言运用能力来进行。教师可以即时指出学生的发音、语法或用词不当之处，帮助他们及时纠正错误，提高语言的准确性和流畅性。

延时评价通常在课程结束后进行。学生需要在教师的指导下完成一定的语言产出任务，如撰写商务报告、设计项目提案等，然后提交给教师进行全面评估。这种评价形式既帮助教师更全面地分析学生的语言综合运用能力和专业知识的掌握程度，也使学生有更多的时间在真实或模拟的专业环境中深入应用所学知识。

此外，POA 强调的师生合作评价模式增加了评价的互动性和合作性，教师和学生共同参与评价过程，学生不仅接受教师的评价，还可以参与自评和互评。这种评价方式鼓励学生从多个角度审视自己的学习成果，增强了学生的自我反思能力和批判性思维能力。通过这样的评价模式，学生能够更加明确自己的学习目标和提升方向，教师也能获得反馈，持续优化教学策略。

在高职英语教学中，评价环节的设计和实施对于学生语言能力的提升和专业技能的锤炼至关重要。它不仅是对学生学习成果的检验，而且是学习过程的延续和深化，帮助学生在未来的职业生涯中更加自信和有效地使用英语。

四、BOPPPS 教学模式

BOPPPS 教学模型基于认知与建构理论，强调互动与反馈。它包含引入（Bridge）、学习目标（Objective）、课前摸底（Pre-assessment）、参与式学习（Participatory Learning）、课后测验（Post-assessment）和总结（Summary）六个环节，促进学生主动学习，提升教学效果。

（一）引入

引入阶段的目的在于吸引学生的兴趣，激发学习动机，并明确学习目标。这一步应简洁明了，将本节课内容与学生已有的知识或未来可能面临的问题相连接。

（二）学习目标

在此阶段，教师要清晰地传达本节课的学习目标，使学生能够聚焦学习的重点。教学目标需具备可操作性，包括明确的知识要点、可测量的熟练程度，以及学生自我评估的能力。

（三）课前摸底

课前摸底旨在了解学生的学习能力强弱和知识背景差异，以免让教学内容过于复杂或过于简单。充分考虑学生的差异能够避免学生产生挫败感，保持学生的学习兴趣。

（四）参与式学习

参与式学习是 BOPPPS 教学模型的核心，旨在培养学生的主动学习能力。学生在这一阶段是教学的主体。常见的参与式学习形式包括分组讨论、角色扮演、动手推算、专题研讨和案例分析。

（五）课后测验

课后测验是判断学生是否达到预期目标的重要环节。与传统模式不同，BOPPPS 教学模型强调及时检测，以便在课后或教学过程中进行评估。评估结果既可以帮助学生了解自己对知识的掌握程度，也能够指导教师调整教学设计。

（六）总结

总结部分的目的在于概括本节课的知识要点，厘清知识脉络，并引出下一节课的内容。BOPPPS 教学模式中的总结强调学生自主归纳，教师只在其中起引导作用，帮助学生评估自身学习成果。

BOPPPS 教学模式是建立在认知理论和建构主义基础上的，其关注点在于如何在课堂中让学生最大限度地掌握知识，因此，教学互动和反馈成为其显著特征。

五、混合式教学模式

混合式教学模式是一种符合 OBE 理念的教学模式，可应用于高职英语教学当中。

（一）混合式教学模式概述

混合式教学（Blended Learning），是一种将传统的面授教学与现代的在线学习结合起来的教学策略。

面授教学部分强调教师与学生之间的直接互动，便于教师即时解答学生的疑问、调整教学策略，并通过直接观察学生的反应来优化教学内容。这种教学模式不仅融合了两种不同的学习形态，而且优化了教学资源的配置和学习方式的灵活性，有利于增强学习的社交性和情感联系，使学习体验更为丰富和深入，从而达到更好的教育效果和更高的学习效率。

在线学习部分则利用信息技术手段，包括视频讲座、在线讨论、数字化学习材料等，为学生提供自主学习的机会。学生可以根据个人的时间安排和学习节奏来安排学习，同时能够接触到更广泛的学习资源和多样的学习形式。在线学习的灵活性和便捷性极大地拓展了教学的边界和可能性，使得学习更加个性化和多元化。

混合式教学最大的优势在于它结合了面授教学和在线学习各自的优点。面授教学的直接性和互动性有助于建立稳固的师生关系和同学间的交流，而在线学习的灵活性和资源丰富性则能够满足不同学习者的需求，提高学习的可接入性和自主性。这种教学模式不仅扩大了教学的覆盖范围，增强了深度，还提高了教育资源的利用效率。

（二）基于 OBE 理念的混合式教学模式的实施

在基于 OBE 理念的混合式高职英语教学的实施阶段，关键在于践行“以学生为中心”的理念，打破传统的以教师为主体进行知识传授的教学方式，逐步构建起以学生素质和能力建设为核心的课堂教学。具体的实施可划分为三个阶段，即课前自主学习阶段、课堂实施阶段、课后评价阶段，如图 3−4 所示。

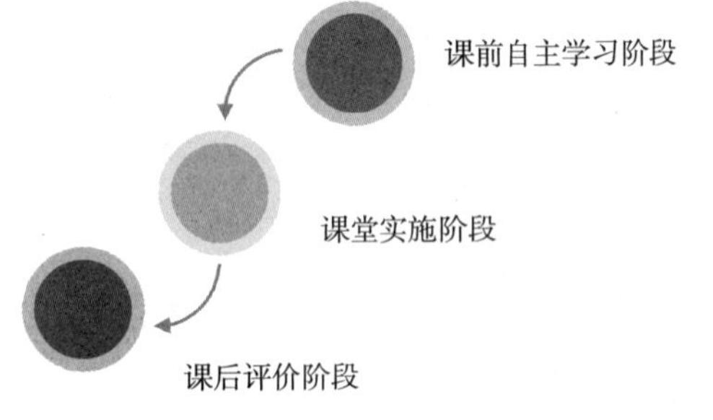

图 3−4　基于 OBE 理念的混合式教学模式的实施阶段

1. 课前自主学习阶段

在课前自主学习阶段，教师应充分利用线上学习平台和信息化英语资源，如微课、音视频、图片和文本等，为学生提供清晰明确的自主学习任务，确保学生能够在正式课堂之前完成必要的知识预习。教师应鼓励学生自主安排学习时间，逐步养成良好的学习习惯，使学生在课前形成对学习内容的基本理解。这一过程不仅为课堂教学提供知识铺垫，而且有助于学生养成自我管理和自主学习的习惯。此外，教师还可以利用平台的实时反馈功能，及时掌握学生的课前学习情况，从而为后续课堂设计提供支持。如果课前阶段的准备比较充分，学生就能够在课堂上更好地参与教学活动，提高互动的质量和效率。

2. 课堂实施阶段

在课堂实施阶段开始之前，教师应该做好课堂的准备工作，可以结合课前收集的信息和数据，分析学生反馈和任务完成情况，制订适合的课堂教学方案。在课堂上，教师可以引导学生通过汇报、问答、讨论等多种形式展示课前学习成果，分享各自的理解和疑惑，从而促进同学间的交流和思维碰撞。教师在此过程中应扮演引导者的角色，对学生的展示进行反馈和点评，解答共性问题，并对个性化的疑问提供针对性支持。教师需要进一步落实“以学生为中心”的教学理念，将传统讲授型课堂转变为基于交互、实践的课堂，以学生的参与和展示为主要方式。

在新内容的教学中，教师可以采取“精讲多练”的方式，将原本教师主导的知识讲解精简为简要的关键点讲解，将更多时间让渡给学生进行实践练习。通过这样的安排，课堂不再是被动的信息接收过程，而是学生主动参与、深入理解和应用知识的场所。具体来说，教师可引导学生进行朗读课文、回答问题、编写英文会话、分组讨论等活动，营造充满互动的课堂氛围。在此过程中，教师仅在必要时进行指导，让学生在探究和实践中发现问题、解决问题，逐步培养学生的英语语言应用能力和跨文化沟通素养。这样的课堂组织方式不仅能够增强学生对课堂内容的掌握程度，而且能够帮助他们将所学知识转化为实际应用能力。

3. 课后评价阶段

在课后评价阶段，教师需对课堂教学中出现的问题和新的发现进行系统整理。这不仅包括课堂上学生的疑惑和错误，还应涵盖学生在学习中的亮点和创新点。教师可以通过在线教学平台发布这些整理内容，供学生在课后进行回顾和自我检测。这种方式不仅能帮助学生对课堂知识进行系统的复习，还能激发学生对新知识的探究兴趣，促进他们在原有知识的基础上进行深入思考和应用。

为了增强学习的针对性和挑战性，教师应设计不同层次的练习任务，满足不同学习需求和能力水平的学生。这些任务可以是解决问题、项目设计，也可以是小组讨论，旨在鼓励学生根据自身水平选择合适的挑战，从而在课后的自我学习中实现自我超越。通过这种方式，学生能够在课后继续学习和探索，更好地将课堂知识内化为自己的能力。

为了帮助学生全面巩固和内化学到的知识，教师可以利用在线平台提供多样的学习资源，如模拟测试、视频讲解、互动问答等，促进学生对课堂内容的深入理解和长期记忆。这些资源应覆盖课堂讲授的所有关键点，使学生能够在课后通过不同形式的学习活动，加深对知识的掌握和应用。

在课后评价环节中，实施多主体评价机制是实现“以学生为中心”理念的重要手段。通过激励学生参与自评和互评，学生不仅可以从自身和同伴的视角审视自己的学习成果，还能通过反馈和讨论，提高批判性思维能力和自我调整能力。此外，这种评价方式还能增强学生的责任感和参与感，使他们在评价过程中更加主动地思考和总结，从而更好地理解和掌握学习内容。

第二节　基于 OBE 理念的高职英语课堂教学设计

在熟悉了基于 OBE 理念可以选择什么样的教学模式应用到高职英语教学之后，本节详细介绍如何进行课堂教学设计。

基于 OBE 理念的“结果导向，反向设计”，教师进行课堂设计时要明确课堂设计应该达到什么样的目的、培养学生什么样的能力和素质。下面结合高职英语商务英语专业，解析课堂教学设计的详细步骤。

一、确定课堂教学目标

在基于 OBE 理念的高职英语教学中，确立具体而明确的课堂教学目标是至关重要的第一步。以商务英语专业中商务接待的知识教授课程为例，此课程的设计应该在确保学生通过系统的学习能够达到掌握商务英语知识、掌握商务接待能力的要求，那么，这堂课的具体教学目标就可以围绕以下四个核心学习成果设定。

（一）词汇与语法能力

学生需要掌握至少 30 个与商务接待直接相关的英语专业词汇及其使用方法。这些词汇涵盖商务接待中常见的各种情境，如客户迎接、会议安排、餐饮组织等。同时，学生也将学习这些词汇在具体语境中的语法应用，包括但不限于时态、语态、条件句等，确保其在实际交流中准确无误地使用这些词汇和语法结构。

（二）口语表达能力

通过课程学习，学生应能流利且准确地进行英语口语表达，特别是在模拟的商务接待场景中。这包括能够自如地介绍公司背景、应用、有效地处理突发事件等。课程中将通过角色扮演、模拟对话等多种教学方法，训练学生的即兴反应能力和专业术语的正确使用。

（三）阅读与写作能力

学生应能够阅读并理解英语商务文档，如邮件、会议记录和项目提案等。此外，学生还需学会如何撰写商务相关文档，包括但不限于商务信函、会议纪要及客户反馈等。课堂上将引入真实商务文档作为教学材料，帮助学生通过分析和模仿这些文档提升自己的阅读理解和商务写作能力。

（四）商务接待实践能力

学生应将所学的语言知识与实践技能应用到商务接待的具体操作中。这包括从商务接待的准备到实际执行，如安排会议、接待访客、组织商务晚宴等。通过安排课程结束时的综合性任务，如组织一次模拟的商务接待活动，学生能够展示他们如何将课堂上学到的知识应用到实际工作中，从而完成课程的终极学习目标。

通过上述目标的设定，本课程不仅重视学生的语言技能提升，而且强调将这些技能应用到实际的商务场合中，全面提升学生的职业能力和市场适应性。教师根据这些目标设计后续的教学内容和活动，能够确保每一学习环节都能有效地支持这些教学目标的实现，从而使学生能够在本课程结束后，具备在商务环境中高效沟通和操作的能力。

二、设计课程

确定了课程设计要达成的目标之后，第二步就是进行课程设计。在 OBE 理念指导下，为了确保教学内容和活动都紧密围绕预设的学习成果进行，课程设计可以采用“6E”教学流程，如图 3-5 所示。“6E”是指六个阶段：唤醒（Evoke）、投入（Engage）、享受（Enjoy）、练习（Execute）、进阶（Evaluate）、巩固（Enhance）。这六个阶段顺承连接，来优化学习体验，确保每一阶段的教学都能促进学生向既定的成果与目标迈进。

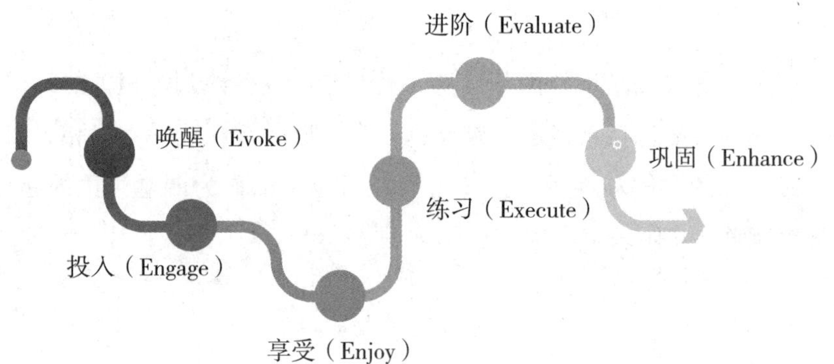

图 3-5　设计课程的 6E 教学流程

（一）唤醒

唤醒阶段的主要目的是通过各种预习活动和任务，激发学生的学习兴趣，为深入课堂学习打下坚实的基础。这一阶段的设计应当引起学生的好奇心和学习动机，使他们对即将学习的内容产生期待感。在设计过程中，可以多设计几种方案，以供选择。

1. 多媒体自学内容

使用学习管理系统发布课前自学材料，允许学生在灵活的时间内进行学习和交流。这些材料应包括视频讲座、阅读资料和初步的实践练习。教师要在平台上保持活跃，以便实时监控学生的进展，及时提供反馈和答疑，确保学生能够有效理解并准备好接下来的课堂活动。

2. 高频词句学习任务

发布与商务接待直接相关的英语高频词汇和常用表达，包括它们的用法和例句。设计相应的在线练习，让学生通过填空、配对等形式加深记忆。这一活动旨在帮助学生扩展词汇量，并在课堂上更自信地使用这些词汇进行口语表达。

3. 商务知识自测

商务知识自测是指与商务接待、展销会、商务谈判等相关的知识点自测。这些自测包括选择题、判断题及简答题，旨在让学生对相关商务领域有基本的了解和准备。这些自测题目也可以作为课堂讨论的起点，使学生能够在实际情境中应用所学知识。

4. 问卷调查任务

设计与商务接待相关的问卷调查，内容涉及商务接待的常规流程、客户服务的关键点等。通过这一任务，学生不仅可以了解行业标准，还可以通过分析调查结果提高自己的商务理解能力，掌握谈判技巧。

通过以上步骤，唤醒阶段有效地为学生即将进行的更深层次学习设定了场景和背景，同时通过多种互动形式提升了学生对课程内容的兴趣和期待。这种课前活动的设计不仅促进了学生的主动学习，还强化了他们对即将学习内容的理解，为课堂上的深入学习和实践打下坚实的基础。

（二）投入

投入阶段的目的是通过动态的情境互动形式，引导学生进入商务接待、商务展会、商务洽谈等具体商务情境，让学生深入了解商务活动的背景和特点，并通过具体任务激发他们的学习兴趣和参与感。互动形式多种多样，如头脑风暴、视频导入、小组讨论等。教师在进行课堂教学设计时要多设计几种进入情境互动方案，以便在实际实施中备选。

1. 头脑风暴

课堂开始时，通过头脑风暴活动让学生分享他们对商务活动的基本认知和理解。教师可以提出开放性问题，如“商务接待中最关键的因素是什么？”或“你认为有效的商务谈判应包含哪些要素？”。此环节不仅可以激发学生思考，还可以帮助教师评估学生对商务基础知识的掌握情况，为后续教学内容的深入做好铺垫。

2. 视频导入

利用具有教育价值的商务相关视频，如真实的商务接待场景、展会活动录像或模拟的商务洽谈过程，来引入课堂讨论。视频内容应选择那些能够清晰展示商务专业场景的材料，使学生能直观感受到商务活动的实际运作和专业行为模式。播放视频后，教师应引导学生讨论视频中观察到的关键行为和语言使用，加深学生对情境的感知和理解。

3. 小组讨论

在视频导入或者头脑风暴后，教师可以组织学生进行小组讨论，让他们围绕特定的商务问题展开辩论和分析。每个小组可以选择一个主题，如“如何改善展会的客户接待？”或“商务谈判中的策略和技巧有哪些？”，并在讨论结束时向全班展示其观点和结论。这种设计的目的是培养学生的语言表达能力和团队合作精神，同时促进他们的商务思维能力和问题解决能力的提高。

（三）享受

享受阶段的主要目的是通过互动和实践，激发学生对新知识的兴趣和热情，让他们在享受学习过程的同时，将新知识应用于实际的商务场景中。

在课堂设计中可以设计多种游戏化学习活动，如商务用语配对游戏、商务礼仪分类挑战等。通过这些活动，学生可以在轻松、愉快的氛围中学习商务英语和相关知识，如商务礼仪规范、常用商务术语等。这种方法不仅增加了学习的趣味性，还提高了学生的参与度和动手能力。

在游戏化学习的基础上，可以通过小测验或即兴提问的形式检测学生对新知识的掌握情况。这一环节有助于教师及时发现学生在学习过程中可能遇到的问题，并进行针对性的指导和纠正。

（四）练习

在练习阶段，课堂设计的核心是通过模拟职场角色扮演活动，让学生在实际交际中练习并提升商务英语沟通能力。教师首先需要设计具体的商务场景，如商务接待、产品介绍或业务谈判，这些场景应紧密关联学生未来可能进入的工作环境。其次需要让每个学生自行匹配适合的角色，并根据这些角色的需求准备相关材料，如对话脚本、产品数据、客户背景信息等，确保学生有足够的资源进行角色扮演。

在小组组织过程中，学生自行讨论并确定角色扮演的具体细节，如接待的时间和地点。通过这种方式，学生不仅能够学习如何在商务环境中有效沟通，还能够学习团队合作技巧和项目管理技能。角色扮演开始后，教师可以作为观察者参与其中，记录学生的表现和交流效果，课程结束后提供具体的反馈和建议，帮助学生在未来的实践中更加自信和熟练。

（五）进阶

进阶阶段是课程设计中至关重要的一部分，它通过多样化的评价方式来全面了解学生的能力和特点。在这一阶段中，教师应引入口语表达、小组讨论和课堂表现等多元化评价方法，以确保能全面捕捉每个学生的学习进展和成果。评价标准应根据每个学生的个性化特点和学习目标制定，保证评价的公正性和针对性。

通过及时的反馈与指导，教师能够帮助学生及时发现并解决学习中的问题，不仅局限于语言技能的提升，还包括对创新意识和跨文化理解力的培养。例如，在评价任务中加入跨文化交流的元素，可以引导学生更好地理解不同文化背景下的商务交往方式，拓宽他们的全球化视野。

（六）巩固

巩固阶段是将课堂学习与现实世界连接的重要桥梁。在这一设计阶段中，教师可以安排学生参与与课堂学习内容相关的展会接待或导览等活动，这些活动不仅可以提升学生的实践能力，还能增强他们的职业技能和职场适应能力。同时，通过组织学生参加各种英语技能大赛，如演讲比赛和口语竞赛，学生能够在竞争中深入了解自己的职业方向和能力定位，进一步形成职业认同感。

此外，鼓励学生加入英语社团和参加各种语言活动，如英语角、辩论赛等，可以有效增强他们的团队协作精神和社会责任感，同时培养其终身学习和自我提升的能力。

通过这六个阶段的课堂设计，教师可以确保学生在商务英语领域得到全面而深入的训练，不仅掌握必要的语言技能，还能提高关键的职场适应能力和团队合作精神，为其未来的职业生涯打下坚实的基础。

第三节　基于 OBE 理念的高职英语校本课程开发

高职院校可以基于 OBE 理念采用校本课程开发模式进行课程建设。

校本课程开发（School-based Curriculum Development）早在 20 世纪 70 年代就已经成为西方国家广泛重视的一种课程开发策略。其主要思想是针对国家课程的弊端，要求以基层的学校为基地进行更加符合学校教师和学生个性化特点的课程开发。高职英语课程的培养目标是从生产、经营、管理一线高素质技能型人才的具体要求出发，配合专业教育，注重培养高职院校学生较强的英语应用能力、良好的职业素质和文化修养，为高职各专业人才培养目标的实现以及高职院校学生成长和终身可持续发展打下坚实的基础。现代企业强调员工的英语实际应用水平，除专业知识外，还应该具备一定的人文知识、创新能力、实践应用能力和较强的团队合作精神。这就需要教师根据企业的需求和岗位的变化随时调整教学课程内容。

校本课程开发包括课程选择、课程改编、课程整合、课程拓展和课程创编等多种活动。英语校本课程的开发一方面既促进高职院校学生的能力发展，又促进学校和教师的互动发展，充实学校的课程资源；另一方面，学校通过自身的文化和体制，感染、熏陶、培育教师，从而在教师身上打上学校的烙印，实现学校发展推动教师发展，最终实现两者的可持续发展。目前正是高职教育生存和发展的关键时期，能否健康地发展下去取决于高职学院自身的发展和特色，校本课程的开发则是特色学校的必由之路。

美国教育学家拉尔夫·泰勒（Ralph W. Tyler）是现代课程理论的重要奠基者。他在 1994 年出版了专著《课程与教学的基本原理》（*Basic Principles of Curriculum and Instruction*）。他在该著作中详细阐述了课程开发研究领域最具权威性的理论形态，被学界誉为“经典课程范式”的泰勒原理（Tyler Rationale）。

泰勒提出了课程开发的四个基本问题：第一，学校应该达到哪些教育目标？第二，提供哪些教育经验才能实现这些目标？第三，怎样才能有效组织这些教育经验？第四，怎样才能确定这些目标正在得到实现？围绕以上四个基本问题，泰勒提出了课程编制的四个阶段（步骤）：确定教育目标、选择学习内容、组织学习和评价结果。

在泰勒传统课程理论的基础上，美国后现代课程理论专家多尔（W.Doll）以新的理论视野和新的价值观念理解课程的本质，构建新的课程概念体系。他提出了后现代课程的“4R”标准：丰富性（rich）、回归性（recursive）、关联性（relational）、严密性（rigorous）。丰富性是指课程应具有不确定性、异常性，应具有深度和广度。回归性是指通过与环境、与他人、与文化的反思相互作用形成自我感的途径或过程。关联性强调要与历史文化、以往经验自然地联系起来，追求文本背后所蕴含的意义与关联。严密性是指反对单面理解，提倡理解的多元化和情境性。

高职英语校本课程设计理念以《高职高专教育英语课程教学基本要求》为依据，结合传统和现代课程理论，以应用（application）为目的，以知识（knowledge）为主线，以职业（vocation）为导向，以能力（competence）为本位，贯穿整个校本课程教育过程，将基础语言交流项目和职业模拟项目穿插进行，实现语言能力与职业能力的无缝对接，最终达到提高高职学生职业能力和素质的目标。

高职英语校本课程开发要遵循课程“模块化”项目设计理念。高职英语教学应针对行业、企业发展需要和职业岗位实际工作任务所需要的英语知识、语言技能、素质要求来选取教学内容，按照职业人员应具备的素质要求和学生现有的英语水平，结合教学体系，优化教学内容，和普通大学英语课程形成互补关系。高职英语校本课程应侧重培养学生的职场语言技能和职业素质，以能力为本位，将课堂教学与课外实践相结合，以项目教学法来推进，不仅保证内容选择上的针对性和适用性，而且为学生可持续发展奠定良好的基础。

第四章　基于 OBE 理念的高职英语实践教学

第一节　基于 OBE 理念的高职英语实践教学基地建设

一、实践教学基地建设的意义

在基于 OBE 理念的高职英语教学中，实践教学基地的建设是实现教育目标的关键因素。这是因为高职教育的本质在于培养学生的职业技能和操作能力，而这些能力的提升依赖充足的实践机会和良好的实习实训环境。实践教学基地为学生提供了一个模拟真实工作环境的平台，使他们能够将理论知识转化为实际操作技能。这种实战演练帮助学生更好地理解语言的实用性，增强职业身份认同感，从而提高其职业素养和实践能力。

二、实践教学基地的分类

实践教学基地是高等教育中连接理论知识与实践操作的重要环节，对提高学生的职业技能和实战经验至关重要。根据实践教学基地的设置位置和管理模式，可分为校内实践教学基地和校外实践教学基地两大类。

（一）校内实践教学基地

校内实践教学基地可以是学校独资建设的，也可以是校企合作共建的。校内实践教学基地的主要优势在于便于管理和使用，能够为学生提供一个相对稳定和安全的学习环境。

高职院校的校内实践教学基地通常由学校独资建设，设施和资源完全由学校控制。这种模式下的基地往往可以更好地与学校的教学计划和专业特色相结合，按照不同专业的教学需求进行设备和布局的个性化定制，包括专业实验室、模拟训练室等。教师和学生可以随时使用这些设施进行教学和学习。例如，学校可以建立一个模拟商务谈判室或客户服务中心，让学生在真实的商务英语环境中进行角色扮演和实践；配备先进的语音识别和录音设备，搭建 VR 语言实验室，用于强化语言学习和口语练习；建立多功能综合实训基地，设立商务现场翻译、外贸单证教学、外贸实习平台等软件和场景场地，让学生在模拟仿真的商务环境中，完成真实工作任务。这种实践教学基地有助于学生在理论学习和实践操作之间快速转换，加深对专业知识的理解和应用。

校企共建的校内实践教学基地是学校与企业合作，共同投资建设的实践教学基地。这种合作可以带来企业的实际需求和先进技术，使实践教学基地更加贴合职业实践的需求。企业不仅提供资金支持，还可能提供最新的技术和设备，甚至派遣专业人士参与实践教学，这样不仅能丰富教学资源，也提高了教学的实践性，学生的实践能力和就业竞争力也会得到相应提高。

（二）校外实践教学基地

校外实践教学基地通常设在企业总部、工厂或专门的实训场所。相较于校内实践基地，这类基地能提供真实的工作环境，使学生直接接触并参与到真实的工作流程中，产教融合，从而获得实战经验，促进学业发展。

产教融合是指产业部门和教育部门之间，实际生产经营过程和教育教学活动之间建立密切的关系，共同完成培养人才的任务。产教融合是世界各国职业教育的普遍做法，也是我国职业教育的基本特征。

高职院校通常采取与具体企业合作的方式，在校企合作模式下，可以使用企业的现有场地作为实践教学基地。这种实践教学基地使学生能够在真实的工作环境中学习和实践，这不仅可以帮助学生了解行业的实际运作，还能使他们提前适应职场环境，增强其工作能力。

一些企业为了保密或者保证正常的生产流程，可能会与学校共同建设一处专门的校外实践基地或场所，双方共同投资建设，或者多校与同行业多个企业共建共用。这种实践教学基地通常设在企业附近或交通便利的地点，设有宿舍、实习办公场所等，并有固定的实习指导教师和专业实训岗位，既方便学生实习，又不干扰企业的正常运营。学校能够确保教学内容的实用性和前瞻性，同时企业也可以通过这种方式选拔和培养潜在的人才。

三、高职英语实践教学基地建设的注意事项

（一）要进行详细的资源调查与需求分析

在建设高职英语实践教学基地之前，必须进行详细的、彻底的资源整合与需求分析。这一步骤是确保实践教学基地能够有效服务于教育目标和学生需求的前提。需求分析涉及多个层面：第一，要调研市场上对高职英语毕业生的具体需求，了解企业对英语实际应用能力的具体要求，如商务沟通、技术交流、服务接待等；第二，要评估现有教育资源，包括师资力量、设施设备、教学内容等，观察在现有基础上哪些地方需要增强和改进；第三，要考虑学生的现有能力和进步空间，确保教学活动既不会过于简单，也不会超出学生的接受能力；第四，如果是与企业共建，除了要调查企业的资质、资金运行以及实践教学参与能力外，还要对接企业的需求和要求。然后基于需求分析的结果，整合和

优化配置可用资源，精确匹配教学目标与资源配置，以达到最佳教学效果，确保每一项投入都能直接或间接提高教学质量和学生的实际操作能力。

（二）实践教学基地建设应具有前瞻性

实践教学基地设施的建设应考虑技术的支持和更新。随着科技的发展，许多先进的教学技术和工具，如虚拟现实、增强现实等技术，已经被应用于教育领域。这些技术能够提供更加真实、互动性强的学习体验，对于提高学生的学习兴趣和实际操作能力非常有帮助。因此，在建设实践教学基地时，应考虑引入这些先进技术，不断更新教学设施，以保持教学活动的先进性和高效性。

（三）签订协议，明确双方责任

在高职教育中，与企业共建实践教学基地是一种提高教育质量和实用性的有效策略。此举不仅有助于学生获得实际工作经验，还能确保教育内容与行业需求保持同步。然而，要实现这些成果，需要双方的精诚合作以及合理分工，因此在与企业共建实践教学基地前，高职院校和企业必须先要明确合作的目标、责任分配、资源共享以及与利益相关的详细协议。这需要双方在开展合作前进行深入的沟通，共同制定一个全面的合作框架，包括合作的具体目标、各自的责任、资源的投入与共享方式，以及预期的合作成果。

制定明确的合作目标是保证双方期望一致的基础，目标应具体、可衡量，并与双方的长期发展战略相符。例如，双方可以设定提高学生实用技能、更新教学内容、提供实习就业机会等具体目标。合作目标需要明确化，不能产生歧义，以确保合作目标具体明确且实现方式可行。目标需要在互惠互利的基础上，反映双方的核心利益，并且能够通过合作得到实现。目标的明确化有助于预防未来执行过程中的误解和冲突。

双方需要就资源投入（如资金、设备、技术、人力资源等）和责任分配达成一致。明确各自的责任和义务，是确保合作顺利进行的关键。例如，学校可能负责提供教学专业人员和理论课程，企业则提供实习设施和实际操作指导。

合作协议中还应详细规定利益与收益分配的方案，这包括直接的经济收益、知识产权的归属、技术成果的共享等。透明公正的收益分配机制能增强合作的稳定性和吸引力。

合作过程中难免会出现分歧，合作协议中应包括解决争议的机制。这可能包括调解、仲裁或法律途径等。双方可以设立一个专门负责协调与沟通的小组，用来协调并解决双方合作过程中可能产生的分歧。

合作协议一旦确定，双方就应该秉承合作原则进行履行，不能随意更改。但是合作协议仍要保持一定的灵活性和动态性，如市场和技术的快速变化可能会影响原定的合作目标和效果，合作协议要允许双方根据新的市场环境和技术进步对合作内容进行适时的调整。

通过这些细致的准备和考虑，与企业共建的高职英语实践教学基地才能顺利进行，保障学生的实践学习生涯。

（四）确保实践教学基地的安全性与规范性

对于完全在企业进行的实践教学，应该签署合作协议，企业必须确保为学生提供的实践环境是安全的，并符合所有相关的健康和安全法规。此外，还应向学生明确工作场所的规章制度，确保学生在实践期间的行为符合企业的标准和要求。

在企业中进行实习，可能会涉及企业敏感的技术和数据。因此，企业应严格规定数据使用、存储和共享的规范，同时明确知识产权的归属和保护，防止可能的商业风险和法律纠纷，这些都应该在合作开始之前，经由双方协商，签署在合作协议当中。

（五）实践教学基地的评审与完善

高职英语实践教学基地的建设不应该是一次性项目，而需要一个持续的评估与反馈机制，以保证教学质量和满足持续变化的教育需求。这意味着实践教学基地在建成后，应定期进行教学活动的效果评估，包括但不限于学生的学习成果、教师的教学效果、设施设备的使用情况、校企合作情况等。这些评估应收集广泛的数据，包括定量的成绩统计和定性的反馈意见。

评估结果应用于调整教学策略、更新教学内容、改进设施设备或者更改实习方案。例如，如果反馈显示某些实践活动的学习效果不佳，可能需要调整活动设计或是增加教师指导。同时，实践教学基地应建立一个开放的反馈渠道，让学生、教师乃至合作企业都能提供意见和建议，这些信息对于教学基地的持续改进至关重要。

（六）保障实践教学教师福利

对于校企共建型实践教学基地来说，为了确保实践教学基地能够提供持续且高质量的教学资源，建立并巩固与实践教学基地的长期合作关系至关重要，可以通过发放实习指导教师津贴等激励措施来实现。这种经济激励不仅能够吸引更多质量较高的企业实习指导教师加入，还有助于激发他们的教学热情和专业投入，从而提高教学质量和增强学生的实习体验。

第二节　基于 OBE 理念的高职英语实践教学模式

在 OBE 理念下，高职英语教学可以采取以下几种实践教学模式。

一、工学交替模式

（一）工学交替模式的内涵

工学交替模式是一种结合理论教学与实践经验的创新教育模式，旨在培养学生的综合职业能力，使其既掌握必要的理论知识又具备实际操作能力。该模式源自英国的“三明治”教育模式，通过“理论—实践—理论”或“实践—理论—实践”的结构，强调在学术环境和工作环境之间的自然过渡，有效增强了教育的实用性和应用性。

在高职英语教学中实施工学交替模式，意味着学生的学习旅程将穿插在校园课堂学习和企业实际工作之间。例如，学生可能在完成初步的英语基础教育后，进入企业进行为期一年的工作实践，随后返回学校继续深入学习专业英语课程，最后再回到企业中应用所学知识，处理实际的商务英语交流问题。这种模式不仅提供了实际工作经验，也让学生在实际工作中不断反思和应用在学校学到的理论知识。

此外，这种教育模式极大地增强了学生的职业适应性和技能，因为他们有机会直接进入工作环境中，理解并实践企业的运作流程。通过在企业中的实际工作，学生能够深入理解专业术语的实际用途，掌握与工作直接相关的语言技能，并在企业文化中磨炼个人的职业素养。

工学交替模式为高职英语学生提供了一个动态的学习机会，通过理论与实践的交替进行，不仅增强了教育内容的相关性和效果，也为学生未来的职业生涯提供了坚实的基础。这种模式的成功实施，依靠学校与企业之间的紧密合作和持续沟通，确保教育活动与市场需求保持同步，最终实现教育与产业的双赢。

（二）工学交替模式与 OBE 理念的契合度

OBE 理念强调教育成果应以学生能够达到的学习成果为核心，即教育活动应直接对接学生的职业发展需求。工学交替模式通过将学生的学习过程与企业的实际工作经验相结合，实现了理论知识与实践技能的融合，从而直接提升了教育的应用性和有效性，两者具有高度的契合度。

在高职英语教学中，工学交替模式能够极大地提高学生的语言实际应用能力，这是传统课堂教学难以实现的。通过在企业中的实际工作，学生不仅可以将课堂上学到的英语知识用于真实的商务沟通场景，还能在实际环境中培养解决问题的能力和职业素养。例如，学生可能需要在实习期间使用英语进行客户服务、商务谈判或撰写商业文档，这些经验将极大地提升他们的英语专业能力。

这种工学交替模式能够提供连续的反馈和评估机会，这与 OBE 理念中强调的持续改进和评价高度一致。学生在企业的工作表现给教师提供了实时反馈，教师可以根据这些反馈调整教学策略，更好地满足学生的学习需求；企业可以反馈学生的工作表现和改进需求，帮助教育机构优化课程设计，使其更符合行业标准和企业需求；学生可以根据工作中的实际应用与表现来查漏补缺，总结自己哪方面能力需要加强，从而进行有针对性的学习。

（三）工学交替模式在高职英语中实施的注意事项

将工学交替模式应用于高职英语时，在实施过程中有几个事项需要引起注意，如图 4-1 所示。

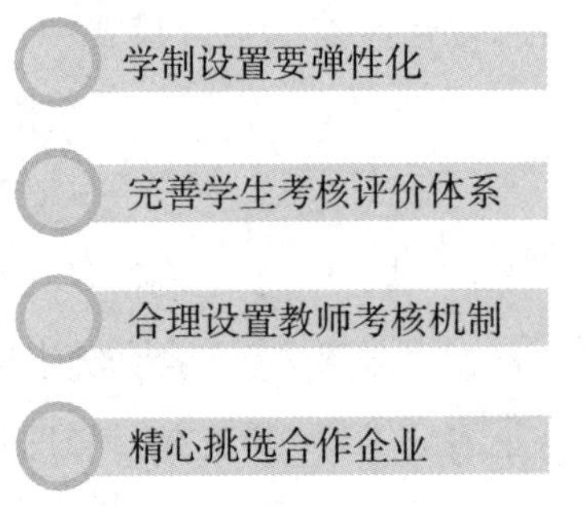

图 4-1　工学交替模式在高职英语中实施的注意事项

1. 学制设置要弹性化

在高职英语教学中实施工学交替模式时，鉴于学生有相当一部分学习时间在企业度过，因此学校需要灵活调整学习与实习时间的分配，以适应不同学生的需求，同时满足企业的实际情况。

工学交替的时间应该合理安排，交替不宜太频繁，太频繁的交替既不能保证学生的理论知识学习，也不能保障实习效果。考虑到高职英语教学的学制，学校可以在维持现有学制框架的基础上，利用学生的寒暑假进行教学时间的弹性安排。这样的调整使学生既有充足的时间完成校内的理论学习，又能获得更多参与企业实际工作的机会。这种安排的好处在于，它既保持了学校的正常教学秩序，又能充分利用假期，避免了完全改变学制结构带来的复杂性，同时满足了企业对季节性和周期性用工的需求。

此外，学校还可以考虑适当延长学制，为学生提供更长的时间深入学习理论。这种方式虽然可能会增加教育成本并带来一定的管理挑战，但它为学生提供了全面掌握专业知识和技能的机会，有利于他们的长期职业发展，保证了教育质量。

在课程设计和教学管理上，学校以及企业应根据学生对知识的掌握程度，结合他们自己的职业规划和实习体验，灵活选择实习时间和学习内容，确保教育过程与个人发展目标相匹配。通过这样的策略，学生能够在紧密结合理论学习和实践经验的教育模式中，更好地为应对未来职业的挑战做好准备。

2. 完善学生考核评价体系

在工学交替模式下，由于学生既是学校学生也是企业的实习员工，这就要求教育机构和企业建立一套协同的考核评价机制，对学生进行全面评价。

考核评价制度除了关注在校期间的理论课程成绩，进行传统的学习成绩评价以外，还应重点关注学生在实际工作环境中的英语应用能力。例如，在企业实习期间，除了可以通过具体的任务来评估学生的口语交际能力、写作技巧及理解听力材料的能力等，还应包括学生的专业知识应用、团队合作能力、责任感及与同事的互动等其他职业要求能力的测评与考核，以确保学生的英语技能得到全面提高。校企双方还应该制定一套客观的、可量化的实习成绩考核标准，确保他们既能理解英语的学术知识，又能在实际工作中有效应用这些知识。

3. 合理设置教师考核机制

在高职英语教学中实施工学交替模式时，除了需要完善学生的考核评价外，还应该建立合理、全面的教师绩效考核机制。

工学交替模式的实施要求教师具备高度的专业能力和实践指导能力。教师不仅要传授语言知识，还要在实际工作场景中应用这些知识，这样才能指导学生更好地进行实践。因此，教师需灵活调整教学策略，将职场语言技能的训练融入课程设计中，以满足企业对英语实际运用能力的要求。为此，对于教师的绩效考核，应全面评估教师的课程设计能力、与企业合作的效果以及对学生实践能力的提升作用，将这些标准作为考核指标，以此衡量他们在促进学生职业能力发展方面的贡献。

学生进入企业实习之后，教育责任并不是完全移交给了企业，教师还应定期跟踪学生的实习进展，监督学生的实习进展和质量，并对实习期间学生的工作进行指导，为学生提供必要的支持和反馈。因此，教师的绩效考核应反映教师的多重工作内容，涵盖其在学生实习期间的工作，不能只用课堂教学绩效片面地对教师进行考核，还要注重考量他们在教学管理和企业协调方面的工作成效。这些具体的考核标准应该予以量化，这样才能更全面、客观地衡量教师工作。

4. 精心挑选合作企业

在高职英语教学中实施工学交替模式，精心挑选合作企业是至关重要的一环，因为合适的企业直接关系到学生实习的质量和他们职业技能的提升。选择合作企业时，学校需要综合考虑以下几个关键因素，确保企业能够真正满足教学目标和学生的实习需求。

第一，考察企业的合法性和经营稳定性是基础。学校选择的合作企业必须具有良好的市场声誉和稳定的经营状况，因为这样的企业通常拥有成熟的管理体系和较为完善的实习支持，能够为学生提供规范和系统的职业培训，以及稳定的实习环境。

第二，企业的专业对口性是选择的重要标准。合作企业应提供与高职英语教育紧密相关的实习岗位，如国际贸易、客户服务等领域，使学生能够将课堂所学应用到实际工作中，通过实战来提高英语技能和专业知识。

第三，评估企业的培训质量和设施支持也非常关键。理想的合作企业应提供包括职业技能培训、专业软件操作指导在内的全面培训计划，以及足够的实践机会，确保学生在实习中获得必要的专业指导和技术支持。

第四，企业的实习管理和学生保障措施也是学校必须考虑的因素。合作企业需要有明确的实习生管理政策和完善的考核体系，公正评价学生的实习表现，并提供必要的生活和安全保障，如健康保险和良好的住宿条件，确保学生能在一个安全的环境中学习和成长。

只有通过全方位的综合评估，学校才能够筛选出有益于实现教育目标、满足学生发展需求的优质企业，从而有效提升工学交替模式的教育成效，为学生未来的职业发展打下坚实的基础。

二、订单式校企合作模式

（一）订单式校企合作模式的含义

订单式校企合作教学模式是一种根据企业的具体业务需求制订人才培养方案的教育模式。在这种模式下，企业向学校“下订单”，即提出其人才需求的具体标准，学校则根据这些标准设计相应的课程和实训内容，以培养满足企业需求的专业人才。这种模式使教育更加聚焦实际应用，强化了学校教育与企业需求之间的直接联系。订单分为直接订单和间接订单。

在直接订单模式下，学校与企业之间建立直接合作关系，共同制订培养方案。这包括选择合适的学生、设计课程和实训内容以及建立评价标准等。直接订单可以进一步细分为学前订单、学中订单和毕业季订单。学前订单是指企业在学生入学前或入学初期就参与学生的选拔和课程设计，以便从一开始就制订培养计划。学中订单则是指在学生具有一定基础后，企业根据具体需求参与进一步的专业培训。毕业季订单主要针对即将毕业的学生，企业根据需要选择合适的毕业生并提供岗前培训，以快速将学生转化为职场人才。

间接订单模式引入第三方机构作为学校与企业之间的桥梁。在这种模式下，学校和企业不直接接触，而是通过职业中介、培训机构等第三方进行合作。这些第三方机构根据市场需求向学校提出人才培养要求，帮助学校精准定位课程内容和培训目标。这种模式的优势在于其灵活性和广泛性，能够连接更多的企业和行业，为学生提供更多的实习和就业机会。此外，第三方机构的介入还可以帮助学校更有效地调整培养方案，以适应快速变化的市场需求。

订单式校企合作教学模式通过校企直接或间接的紧密合作，将教育培养与市场需求紧密对接，不仅提高了教育的实用性和针对性，也为学生的就业成功和职业发展打下了坚实的基础。

（二）订单式校企合作模式与 OBE 理念的契合

订单式校企合作教学模式与 OBE 理念具有很高的契合度，并与高职英语教学十分兼容，因为它们都关注教育的实际输出与效果，强调教学活动和课程设计直接对接学生的职业成就和市场需求。

OBE 理念强调教育成果应明确、可量化，并与学生的职业发展紧密相关。订单式校企合作正是基于企业的具体需求“下订单”，高校根据这些具体需求设计课程，这确保了教学活动从一开始就围绕预定的、清晰的职业技能和知识目标展开，符合 OBE 的核心要求。

在 OBE 框架下，教育内容需要具有高度的实用性和针对性，以确保学生能够在毕业后立即投入职场。订单式模式通过企业直接参与课程设计，使教学内容和实训活动直接对应于行业的实际需求，极大地增强了课程的应用价值和效果。

高职教育注重职业技能的培养，英语教学不仅要教授语言知识，而且要强调语言技能在专业领域内的应用。订单式校企合作能够让企业直接指出其对商务英语或专业英语的具体需求，如商务沟通、技术文档翻译等，学校据此设计课程，使教学内容与职场实际需求高度吻合。

当学生明白学习内容直接关系到未来职业发展时，他们的学习动机会显著增强。通过订单式校企合作模式，学生可以直观了解学习英语的直接职业益处，从而更加积极地参与实习活动，提高学习效率和效果。

高职英语教学通过订单式模式可以获得真实的英语应用场景和职业情境，为学生提供练习的平台。这种情境化的学习方式有助于学生更好地理解和掌握语言，在真实环境中锻炼和提高英语交际能力。

因此，订单式校企合作教学模式可以确保教育质量与市场需求紧密对接，非常适合应用于以职业准备为导向的高职英语教学。这种模式不仅帮助学生获得必备的职业技能，还通过提供实际应用场景，极大地提高了学习的实效性和动机。

（三）基于 OBE 理念的订单式校企合作模式在高职英语教学中的实施步骤

在高职英语教学中，基于 OBE 理念实施订单式校企合作模式，可以按照以下六个步骤进行，如图 4-2 所示。

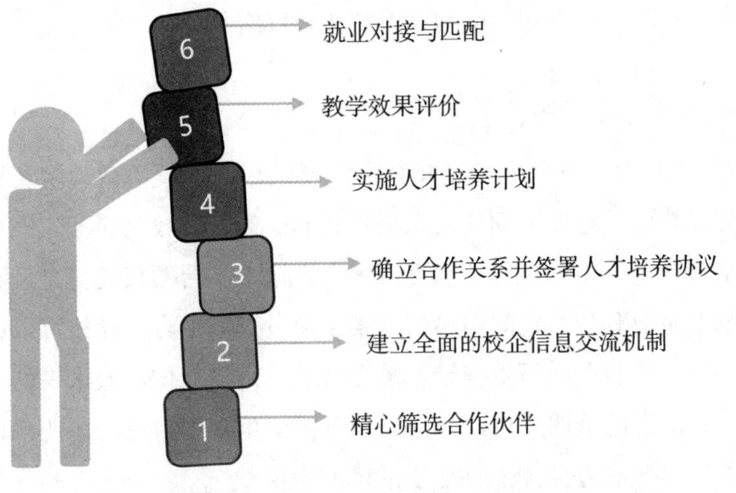

图 4-2　订单式校企合作模式在高职英语教学中的实施步骤

1. 精心筛选合作伙伴

在订单式校企合作中，合作伙伴的筛选至关重要，因为它确保了高职院校的培养理念与企业的具体需求高度契合，从而保障教育成果的实用性和有效性。对高职英语教育而言，选择能提供符合英语教育目标的实际工作环境、支持英语技能练习和提供英语专业指导的企业尤为关键。

在选择合作企业时，高职院校需要评估企业的市场地位、技术创新能力、人才培养需求以及其教育投入态度。这些因素直接影响教学内容的现代性和实用性，尤其是在高职英语教学中，企业能提供的具体案例、实际交流环境和行业背景都极为重要。此外，企业的社会责任感和与学校的文化契合度也是评估的重要指标。选择那些在英语资源及学生实习等方面愿意进行深入合作的企业，可以确保教育内容与职场需求同步，增加学生的就业准备。

在实际操作中，高职院校应与企业进行深入交流，探讨合作细节，并通过实地考察了解企业的运营模式和员工发展计划。这些活动不仅有助于学校和企业建立明确的合作预期，而且在合同中规定了双方的责任和义务，确保合作过程中的利益保护和教育质量。

2. 建立全面的校企信息交流机制

在 OBE 理念下，订单式校企合作模式在高职英语教学中实施的第二个关键步骤是建立全面的信息交流机制。高职院校与企业之间可以创建一个多维度、多渠道的信息交流平台，这个平台不仅是信息发布的场所，也是企业和学生之间沟通的桥梁。通过这个平台，学校可以详细介绍每一个合作企业的历史背景、核心技术、市场地位以及未来的发展方向。这些信息的透明化可以帮助高职英语学生根据自己的职业兴趣和未来规划，选择最适合自己的实习和就业机会。

同时，企业应在平台上展示其企业文化、价值观、经营哲学和员工发展计划。对高职英语学生而言，了解这些信息至关重要，不仅可以帮助他们提前适应企业的工作环境，还能加深他们对职业语境下英语使用的理解。例如，学生可以通过真实的商务案例、企业的内部沟通文件等了解和练习专业英语的实际应用，这对提升其商务英语沟通能力大有裨益。

信息交流平台还应具备互动功能，使学生能够直接向企业提出关于职业发展、企业文化等方面的问题。反过来，企业也可以通过平台了解学生的期望和专业能力，为双方提供更为精准的匹配。这种双向的、实时的信息交流极大地提高了教育内容的实用性和针对性。

为保证信息的及时更新和相关性，学校和企业需要定期更新平台内容，包括行业趋势、企业新闻和就业市场动态等，以帮助学生和企业及时掌握最新信息，做出明智的教育和招聘决策。

通过这种全面的信息交流机制，高职英语教育与企业的合作将不再仅仅是简单的人才培养，而是形成了一种深度的、战略性的合作伙伴关系。这种关系不仅能够为学生提供实际的、与职业密切相关的英语应用场景，还能为企业培养出“即战即用”的职业英语人才，实现教育资源与职场需求的有效对接。

3. 确立合作关系并签署人才培养协议

在全面的信息交流之后，就要确立合作关系并签署人才培养协议。这一步骤能否成功执行不仅关系到教育质量，也直接影响企业的人才需求。在这一过程中，高职院校与合作企业共同明确各自的责任、权利及合作期限，确保双方对合作的目标和期望达成共识，从而促进教学活动与企业需求的有效对接。

合作协议的签订需基于彼此的资源共享、互惠互利原则进行。高职院校需要详细介绍教育资源、教学能力和专业方向，企业则需要提供其具体的人才需求、实训资源和可能的职业发展路径。此外，双方应共同参与教学计划和课程大纲的制订，确保教学内容不仅可以反映学术要求，同时也能满足企业的实际工作需求。

在合作协议中，明确双方的具体职责至关重要。对于高职院校而言，其责任是确保教学质量，提供合格的教师资源，组织实施专业课程，并对学生的学习成果负责。同时，学校需确保学生能够适应企业的工作环境，包括遵守企业的规章制度并在必要时接受企业的相关培训。对于企业来说，其主要职责是提供实习和实训机会，参与学生的实际工作评估，并对学生的专业技能和工作态度进行反馈。

在间接订单模式中，涉及第三方机构时，合作协议的内容会更加复杂。学校、企业和第三方机构需要共同确立合作框架，明确各方在人才培养过程中的角色和责任。第三方机构通常承担协调学校教育资源与企业需求的任务，确保教育培养计划与市场需求的一致性。此外，第三方机构还须监督教学和实训的实施质量，确保学生能够顺利完成学业并符合企业的用人标准。

通过这样的合作协议，订单式校企合作模式可以有效地在高职英语教育中得到实施。这不仅有助于学生在实际工作环境中将英语能力转化为职业竞争力，也为企业提供了符合具体职位需求的定制化人才，从而实现教育资源与市场需求的有效对接，促进教育与产业的双赢发展。

4. 实施人才培养计划

人才培养协议签署之后，就要着手组织和精确实施人才培养计划。这一过程涉及课程设计、实训安排及学生实际能力的培养，旨在确保学生能够顺利融入企业环境，掌握必要的职业技能，并最终实现顺利就业。

高职院校和企业应基于“实际、实用、实践”的原则，共同开发、设计出科学合理的课程体系。课程在设置上应该重点强调技术应用能力和职业素质的培养。为此，课程内容需要与企业的实际需求紧密相连，根据企业需求设置课程内容，帮助学生掌握企业要求的技能，在未来的职业生涯中更好地与国际同事或客户交流。

除了理论课程的设置以外，建立和优化教学实践教学基地也是实施人才培养计划的关键环节。校内外的实践教学基地应提供接近真实工作环境的学习场所，配备必要的设施设备，使学生能在仿真环境中深入了解企业的工作流程和企业文化。例如，通过在合作企业内设置实习实训点，学生可以直接参与企业的日常运营，这不仅能帮助学生将理论知识转化为实践技能，还能显著提升他们的职业适应能力和问题解决能力。此外，校企双方还应邀请行业专家、相关研究人员共同制订专业的人才培养方案。这一措施确保了教育内容不仅满足教育部门的标准，而且符合企业的具体需求和用人标准。在整个教育过程中，企业的实际需求和市场动态应定期反馈到教学内容更新中，以保证培养方案的时效性和针对性。

5. 教学效果评价

高职院校和企业应共同参与评价体系的建立和运行，制定一套全面的评价标准和程序，覆盖从学生入学到毕业的整个教育周期，包括课程理解、语言技能应用、职业技能掌握以及实习表现等方面。这些标准应当既能反映教学目标的达成程度，也能评估学生如何将所学知识和技能应用于实际工作中。

在评价的过程中，应收集包括学生自评、教师评价、企业反馈在内的多方面意见。通过定期的评估会议和反馈会议，双方可以及时了解教育成果与企业需求之间的匹配程度，并针对发现的问题和不足提出改进措施。例如，如果发现学生在特定职业技能上表现不佳，学校可能需要调整课程内容或增加相应的实训环节。

6. 就业对接与匹配

在完成人才培养，确定人才培养符合教育目标与企业需求之后，就要进行就业对接与匹配，确保学生顺利就业。

为了达成这一目标，高职英语院校需要与合作企业共同开展就业指导和职位匹配活动。学校应组织系列就业辅导活动，如模拟面试、职业规划讲座，帮助学生了解企业文化和具体职位要求，同时提升学生的面试技巧和自我表达能力。这些活动能够让学生对未来的工作环境有更直观的理解，增强他们的就业自信。

根据企业的具体需求，学校应与企业密切沟通，确保学生的专业技能和语言能力符合职位要求。在这个过程中，企业应提供具体的职位描述和所需要具备的技能清单，学校则根据这些信息帮助学生定位合适的职业路径，并进行个性化的职业匹配。通过校企双方共同努力，建立起一个高效的就业推荐机制，确保每一位学生都能找到与其技能和兴趣相匹配的职位。学校和企业应共同评估就业匹配的效果，确保毕业生能够在合适的职位上发挥其专业能力，实现从校园到职场的平稳过渡。通过这种有针对性的就业对接与匹配，高职英语教育能够真正实现教育的应用价值，满足企业的实际需要，促进学生的职业发展。

通过这六个步骤，该模式不仅提升了学生的职业技能，也直接响应了市场的人才需求，实现教育与行业需求的高效对接，体现了其作为一种成果导向和实践型教学模式的优势。

三、“课证赛岗创”五位一体教学模式

OBE 理念是以结果为导向，高职英语教学要培养应用型、实用型人才，使培养出的人才能够符合市场需求，满足岗位要求。“课证赛岗创”五位一体教学模式恰好是这种模式，可以培养应用型、实用型人才。“课证赛岗创”五位一体教学模式全面融合了课程教学、资格认证、学科竞赛、岗位实践和创新创业五大关键环节。具体而言，“课”涉及课程教学，为学生提供必要的语言和人文知识，确保他们掌握理论基础和知识结构；“证”强调通过职业资格认证的方式，让学生将理论知识转化为实践能力，并符合行业标准；“赛”通过学科竞赛来提高学生的专业技能，同时培养他们的竞争力和团队合作精神；“岗”侧重岗位实践，让学生在真实的工作环境中深化对职业角色的理解，提升职业技能和适应性；“创”则鼓励学生展现创新能力，将创新想法转化为具体的项目或企业。下面详细介绍该模式的内涵，如图 4-3 所示。

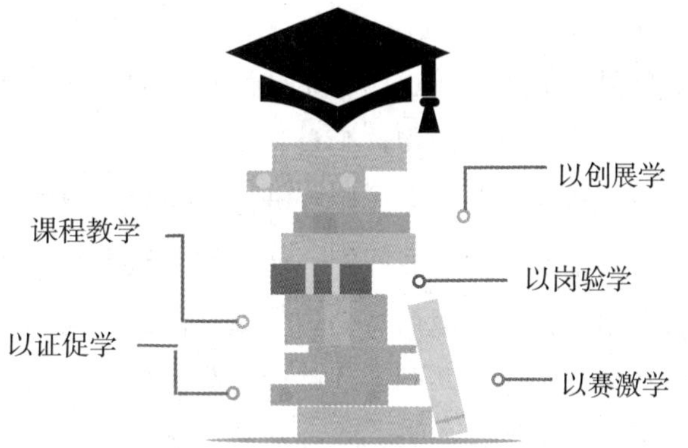

图 4-3 “课证赛岗创”五位一体教学模式的内涵

（一）课程教学

在高职英语教育中，“课程教学”阶段主要是为学生构建一个全面而坚实的知识体系。这一阶段的教学不仅要包含英语语言技能的系统培养，还应该覆盖跨文化交际、职业能力及文化素养等多个维度的内容。

课程设置通常要按照由浅入深的顺序展开，从基础通识教育到专业核心课程，再到更具专业方向性的课程，最后达到专业实践的阶段。通过综合课程设计，学生能够建立全面的学科知识结构，为其接下来的实践课程奠定基础。

需要注意的是，虽然是课堂教学，但是鉴于高职英语教学的实践性和应用性，并且基于 OBE 教学理念，在这一连贯的课程结构中，课程教学尤其强调其实践性，要在理论知识教学上区别于纯理论本科英语教学，确保这些实践性课程在整个教学周期内占有重要比例，以便学生能够有效地将理论知识与实际操作技能相结合。

通过此课程体系，学生不仅能够掌握必要的英语语言和跨文化交流技能，还能深入理解相关行业知识。例如，在高职商务英语专业的学习中，学生将接触到贸易、市场营销、国际商法等商业相关知识，这些都是他们未来职业生涯中不可缺少的技能和知识。此外，课程设置还应考虑到各地区经济特点及行业需求，引入与地方经济和行业紧密相关的课程内容，使人才培养方案更具针对性和实际效用。

（二）以证促学

在高职英语教育中，通过考取实践性技能认证证书，可以有效提升学生的实际操作能力。由于高职英语的性质，其相关证书的考取通常要求学生必须掌握并能够应用相关的实际技能，因此，证书不仅考查理论知识，更侧重对实际操作和实际应用能力的考核。这种实践导向激励学生在模拟或实际的工作环境中练习、掌握、完善他们在课堂上学到的理论知识并提高将这些知识应用于实践的能力，从而增强他们的职业技能，同时反向促使教育内容要与职业实践紧密结合。

获取实践性证书的过程本身可以激励学生更加主动地参与实践活动，是激发学习动力的一种方式。为了通过这些考试取得证书，学生必须进行针对性的复习和实践，这不仅加深了他们对专业知识的理解，也提升了解决实际问题的能力。因此，通过设置清晰的资格考证目标，高职院校能够引导学生明确学习方向，系统地规划和优化他们的学习过程，从而有效提升他们的学习效率和成果质量，并增强实践能力。

证书的获取会成为他们职业成就感的一个重要来源。证书是他们开启职业生涯的敲门砖，也会为他们以后走向职业生涯增添筹码，提高他们的就业竞争力。在整个教育体系中，资格认证或者证书考取充当了连接学术学习与职业实践的桥梁，确保学生的知识和技能能够满足行业标准，同时为学生未来的职业生涯提供坚实的基础。通过这样的认证导向学习，高职教育更加聚焦职业发展需求，增强学生的实践能力，更好地服务于学生的职业规划和发展目标。

（三）以赛激学

在高职英语教育中，通过参加学科竞赛可以激发学生的学习热情，提升学生的竞技技能水平。明确、具体的竞赛目标，能够激励学生设定清晰的学习目标，从而主动深入学习和准备。在准备过程中，学生往往需要进行系统的复习和有针对性的练习，这不仅加深了他们对英语内容的理解，也增强了他们对语言的综合运用能力。

各类英语能力竞赛，如全国大学生英语竞赛、英语翻译大赛、“外研社”演讲、旅游英语大赛、商务英语大赛、辩论杯等，非常强调知识的实践性应用，可以为学生提供实战平台。通过参加竞赛，学生有机会在类似真实的环境下使用英语进行竞技，学生的听、说、读、写、译等语言能力及其实际应用能力将受到严格的测试，从而锻炼他们的多维度综合技能，增强其语言实际操作的自信心和能力。

参加竞赛还有助于培养学生的时间管理、抗压能力和团队协作精神。竞赛中的时间限制要求学生高效地规划和执行任务，这不仅锻炼了他们的组织和管理能力，还增强了面对工作压力时的心理调适能力。团队竞赛更能促使学生学会与他人合作，提高沟通和团队精神。这些都是学生以后职业发展中必不可少的技能，因此，以赛促学具有明显的结果导向，符合 OBE 教学理念。

对于学生的未来职业发展而言，参与竞赛能够显著提升其简历的亮点，提高其在就业市场中的竞争力。拥有竞赛背景的学生往往更受企业欢迎，因为这表明他们具有出色的语言技能和团队协作能力。同时，竞赛也是建立人脉和职业网络的良机，为学生未来的职业生涯开辟更广阔的道路，使他们在未来的工作和生活中更加自信和成功。

（四）以岗验学

以岗验学的核心在于通过真实工作经验来验证和增强学生的英语应用能力及职业技能。这一环节通过提供广泛的实习和就业机会，帮助学生将在课堂上学到的英语知识和技能直接运用到实际的职场环境中，从而在现实工作中深化对专业知识的理解并提升适应职场的能力。

具体来说，高职院校应提前与企业联系，提供各种岗位实习机会，引导学生参与与其专业学习密切相关的各类工作岗位，如商务英语、国际客户服务、市场调研、医学英语等。这些实际工作机会不仅可以让学生在复杂多变的工作环境中快速成长，还能强化他们的语言沟通技能，让他们在实践中锻炼自己的职业技能，提升专业素养，为其未来职业生涯的发展打下基础。

在这个过程中，校企合作起到了关键的桥梁作用，它不仅为学生提供了实践的舞台，也使教学内容与企业的实际需求紧密结合，从而增强了教育的应用性和实用性。学校与企业的合作可以提供多样化的实习岗位，涵盖与英语应用直接相关的工作以及需要跨文化交流能力的工作，为学生提供实际操作和解决问题的机会。

此外，通过实际工作，学生不仅可以实现知识的应用，还能在实践中发现自我和专业知识的不足，从而更加明确自己的学习方向和职业发展路径。这种以工作实践为导向的教育模式，强调了理论与实践的结合，促使学生在实践中提升其职业意识，使其为迎接未来职场的挑战做好准备。通过这样的系统性实践教育，学生能够获得更为全面的职业技能训练，为成为社会所需要的高素质应用型人才奠定坚实基础。

（五）以创展学

在高职英语教育中，以创展学是利用创新创业教育来促进实践教学，它提供了一个可以让学生直接接触行业内的真实工作环境和挑战的平台，促使他们将英语学习与创新创业活动紧密结合，参与实际的商业项目，从而理解并应对现实中的复杂问题，拓宽其学习视野，激发创新动力。这一环节不仅将创业理念与英语技能教学相融合，还通过具体的创新项目让学生将语言技能应用于实际的商业和技术创新中，提升其实战能力。

通过组织学生参与创新创业项目，教师可以引导学生利用英语能力去理解国际市场趋势，撰写商业计划书，以及与国际合作伙伴进行沟通协作。例如，学生参与设计一个涉及英语国家市场的新产品开发项目，通过这种方式，学生不仅能实际使用英语进行市场分析和产品介绍，还能通过实际操作来深化对商业运作的理解。这种实践教学和实践活动为学生提供了宝贵的机会，使学生能够在真实的商业环境中测试和发展其创意。

创新创业教学还鼓励学生利用英语资源，如国际新闻、专业报告以及跨文化交流等获取最新的商业动态和技术创新信息，这不仅帮助他们构建一个国际化视角，也使英语学习更具目标性和实用性。学生被鼓励思考如何将新的商业模式或技术创新应用于英语相关领域，以及在实际工作中如何解决遇到的问题。通过参与"全国跨境电子商务技能竞赛"等实际活动，学生不仅可以学习到具体技能，还可以体验从项目策划到执行的全过程，这样的经历能显著增强他们的自主创业能力和项目管理能力。

为了支持这一教学目标，高职院校可以与企业和专家合作，定期举办创新创业工作坊和讲座，邀请企业家和行业专家进课堂，分享他们的经验和对行业需求的看法。这样的互动不仅能增加学生对专业英语应用的兴趣，还能激发他们的创业热情，使他们能够更好地理解和利用所学知识解决实际问题。这样的合作不仅让学生的学习更具目标性和实用性，而且助力他们职业技能的提高。

通过创新创业教育，高职英语教育不仅是在传授语言知识，也是在培养学生的市场敏感度、创新思维和企业精神等实战精神，这种精神为他们日后的职业生涯提供了坚实的支撑。这种教学模式能有效地将语言教学与职业技能培养相结合，为学生的职业生涯提供支持，这也是 OBE 教学理念下高职英语教育所要达成的教育目标。

第三节　基于 OBE 理念的高职英语实践教材开发

一、高职英语教学对于实践教材的需求

在高职英语教学中，实践教学的重要性不言而喻。对于职业院校的学生而言，仅仅掌握英语的理论知识和基本技能远远不够，还需要具备在具体职业环境中有效应用这些知识的能力。为了支持这种应用能力的培养，实践教材在教学过程中扮演着不可或缺的角色。实践教材不仅为学生提供了指导和框架，使他们能够理解如何将课堂知识转化为真实场景下的技能，还通过案例、模拟练习、情景任务等方式帮助学生更深入地理解行业操作流程和专业需求。尤其是在实习或实训过程中，指导性的教材可以为学生提供明确的学习方向和操作步骤，帮助他们调整心理状态，快速适应新的环境，从而让他们在真实或模拟的工作环境中更有信心应用所学的英语技能。

然而，现阶段高职英语的教材体系在实践教学方面仍存在不足。目前的高职英语教材在理论教学方面的覆盖较为全面，系统性强，能够帮助学生夯实语言基础和掌握专业英语的基本知识。而针对实际操作和应用技能的实践性教材却不成体系，无法为学生提供完整、连贯的实践训

练路径。现有的实践教材内容多集中于零散的任务或案例，缺乏系统性的指导框架，无法使学生在实践学习中形成完整的知识应用链条。这种不完善的教材体系使学生在需要将知识应用于具体情境时缺乏有效的支撑，实践教学的效果因此大打折扣。

实践教材的不足对学生的实际能力培养产生了一定的负面影响。首先，由于缺少系统的实践性学习材料，学生在实习和实践课程中往往难以适应真实工作场景，进而难以获得接近实际的经验。这样一来，学生虽然具备理论知识，却因缺乏具体操作经验而在面对职场任务时感到束手无策，虽然有教师或者企业师傅教传帮带，但是很多同学仍然有“一叶障目不见泰山”的感觉，只机械地重复教师或者师傅的指令，对于为什么这么做以及这种操作与其他操作之间有何种联系却不是很明白，尤其是在需要解决具体问题或应对复杂沟通场景时，往往表现出不够自信或反应不灵活。此外，缺乏足够的实践教材使学生难以建立清晰的职业操作思维。他们无法通过教材中的指导和案例分析了解行业内的最佳实践和标准流程，导致他们在职业素养和实际能力方面与行业需求脱节。

从长远来看，实践教材的缺乏不仅影响学生在毕业时的职场适应力和竞争力，还会影响高职院校的整体教学质量和口碑。对于学校而言，提供完善的实践教材是保证其教学成果转化为学生职业能力的基础。如果实践教材无法有效支持学生的学习，高职院校培养的学生则难以达到企业的用人要求，从而影响学校的声誉和毕业生的就业质量。因此，在当前职业导向的高职英语教学体系中，强化实践教材的开发和完善已成为不可忽视的关键环节。

二、高职英语实践教材开发与 OBE 理念契合

OBE 理念要求教育活动必须围绕清晰定义的学习成果展开。高职英语实践教材的开发需要基于具体、明确的实践教学所要达成的目标进行，这与 OBE 理念相契合。实践教材通过提供与这些目标相关的内容和活动，帮助学生达到既定的学习成果，如使用专业英语进行沟通和解决问题。

OBE 理念强调学习的实用性和应用性，认为教学的最终目的是让学生能够在真实世界中应用所学知识和技能。高职英语实践教材的开发也正是基于这一需求和目标，专门针对实践教学提供实际操作的指导，因此，实践教材开发是实现 OBE 教学目标的有效手段。

三、OBE 理念下高职英语实践教材的开发途径

为了保证实践教材的全面性和系统性，在 OBE 理念下，进行高职英语实践教材的开发，需要多方面的共同努力。

（一）高校层面

高校是实践教材开发的第一责任主体，在 OBE 理念指导下，高校不仅需要确保教材符合教育标准，还要确保教材的开发建设满足行业需求与技术进步。

高职院校需要主动与企业建立紧密的合作关系，深入了解行业最新的职业实践技能需求和相关知识更新。在这一过程中，高职院校应定期收集和分析企业对人才的具体需求，包括技术技能、行业规范、工作流程等方面的具体要求。通过这种深度的合作，高职院校能确保教材内容与实际工作需求紧密相关，反映出最新的行业发展趋势和技术进展，提高教材的实践性和应用性。

高职院校还应充分利用其教育资源优势，组织由专业教师、行业专家以及来自企业的精英人士组成的教材开发委员会或者小组。这样的多元化团队能够从不同的角度出发，共同参与教材的编写和监督，确保教材既有理论深度又具有实际应用价值。此外，团队成员应定期进入企业和行业现场进行考察，通过实地学习和经验交流，确保教材内容的精准对接和实用性。

鉴于技术和行业标准的快速变化，高职院校必须确保教材能够快速响应市场变动。实践教材的更新不仅需要反映最新的技术进步和行业变革，还应具备一定的前瞻性，预见未来行业的发展趋势。高职院校应与

企业共同参与教材的定期评审和修订，通过动态更新内容，保持教材的现代性和相关性。

教材内容的编排需要科学严谨，确保各章节内容有机衔接，形成完整的知识体系。高职院校应确保教材不仅能够满足学生学习的连贯性，而且能够反映出教学的系统性和逻辑性。这要求教材开发团队在编写过程中不断反思和调整，避免信息孤岛的出现，确保学生能够通过教材获得全面而深入的行业知识。

通过上述措施，高职院校可以在 OBE 理念的指导下，开发出既符合教育标准又满足行业实际需要的高职英语实践教材。这不仅促进了教育内容与行业需求的有效对接，还为学生的职业发展和实际应用能力的提升奠定了坚实的基础。

（二）企业层面

在 OBE 理念指导下，企业在高职英语实践教材的开发中扮演着不可或缺的角色。企业作为行业技术发展和市场需求的直接参与者，是感知行业技术更新和市场需求变化的前沿阵地，也是教学实践的第一现场，能够为教材开发提供最新的行业动态、技术更新及市场需求，确保教材内容既实用又具有前沿性。例如，企业不仅能够提供关于新语言应用的详细信息，还能及时反映行业标准和规范的更新。随着信息技术的迅速发展，相关的专业英语用词和表达也在不断演变，企业可以帮助教材编写团队准确捕捉这些变化，确保教材内容与实际工作需求同步。

企业在其日常运营中积累的具体案例，对于教材内容的丰富和教学案例的设计极为重要。这些案例涵盖了从问题发现到解决的全过程，不仅能够直观展示理论知识在实际工作中的应用，还能帮助学生培养解决问题的能力和批判性思维。通过将这些实际业务案例融入教材，学生能够更好地理解职业场景中的英语应用，提高其职业适应能力和技能水平。

企业基于员工的培训经验和新员工的实际表现，还可以对教材的实用性和有效性进行反馈。这种来自一线的反馈对教材的持续改进至关重要。企业的参与可以帮助教材编写团队识别内容上的不足，进行必要的调整和优化，从而提升教材的质量和适用性。

因此，企业的深度参与不仅为高职英语实践教材的开发带来了实时的行业信息和丰富的实践资源，还通过提供实习机会和反馈，增强了教材的实用性和教育的实效性。这种校企合作模式极大地促进了教育资源的优化配置和高效利用，有助于教育与行业的良性互动和共同发展。

（三）政府层面

基于 OBE 理念，构建实践教材体系，政府起着至关重要的推动和支持作用。

政府可以通过建立多方参与的合作平台来促进高职院校与企业之间的沟通与合作。这个平台应提供必要的信息交流、资源共享和合作项目对接服务，确保教育内容与行业需求紧密对接。例如，政府可以定期举办行业与教育对接会、研讨会和工作坊，鼓励教育者与行业专家共同讨论和确定实践教材的内容，确保教材既有理论深度也具备实际应用价值。

政府的扶持资金和政策支持对实践教材的开发至关重要。通过提供财政补助、税收优惠和研发资金等激励措施，政府可以有效激发企业和高校的积极性，促使他们将更多资源投入教材开发。此外，设立专门的教材开发基金，为校企合作项目提供稳定的经济支持，可以减轻参与方在研发初期的财务压力，鼓励他们探索和实施创新的教学方法和材料。

政府还需要承担协调教育部门与工业部门、地方政府之间合作的任务，确保教材开发的连贯性和覆盖面。这种协调工作有助于形成统一的教材开发和实施标准，同时能确保资源和信息在各相关部门之间高效流通。政府可以制定统一的指导方针，明确教材开发的质量标准和行业需求，帮助各方准确把握市场脉动和教育趋势。

为了确保企业愿意将其技术和案例投入教材开发中，政府需要通过法规保护企业的知识产权和投入成果。这不仅能鼓励企业分享宝贵的行业知识，而且保证了他们的投入能够得到公正的回报。此外，政府可以通过认证和奖励机制，表彰在教材开发中表现突出的机构和企业，进一步激发市场和学术界的创新热情。

政府还可以对高职英语实践教材的使用效果进行监督和评估。通过设立专门的评审团队，定期检查教材的更新频率、教学成效和市场反馈，确保教材能够持续更新，适应行业发展的变化。政府可以借助专业评估报告和反馈机制，指导教材开发的未来方向，确保教材内容始终保持时效性和实用性。

通过这些具体措施，可以确保高职英语实践教材能够高质量地满足教育和市场的需求。

四、OBE 理念下高职英语实践教材的开发形式

（一）活页式教材

活页式教材作为一种创新的教材形式，以其高度的灵活性和可调整性，特别适合于高职英语实践教学的需求。

活页式教材的设计允许教师和学生根据具体的教学和学习需求，轻松地添加、移除或重新排列教材中的页面或章节。这种结构的灵活性可以通过标准化的接口实现，如打孔式可拆卸页面，方便随时更新或调整内容，从而确保教材内容始终与当前的行业实践和技术发展保持同步。

高职教育领域经常面临技术更新或者行业环境、需求快速变化的情况，活页式教材为此提供了一种高效的应对策略。教师可以根据最新的行业发展迅速更新教材内容，如引入最新的市场数据、行业法规变化或新兴的业务模式。这种教材的即时更新功能，保证了教材内容的相关性和前沿性，帮助学生及时掌握最新的行业知识和技能。例如，面对国际贸易等领域的英语实训时，可以根据国际市场变化情况或者最新案例快速插入或移除特定的行业案例和专业术语解析，使教材内容直接对应最

新的、实际的职业需求。

活页式教材的另一个显著优势是支持个性化学习。教师可以根据每个学生的学习进度和兴趣调整教材内容，更好地满足不同能力学生的个性化需求。学生也可以选择与其职业目标相关的模块进行深入学习，从而提高学习的主动性和针对性。例如，针对实训或者实习期间，一部分学生心理上不适应的情况，教师或者企业师傅除了有针对性地进行实践指导或者面对面指导以外，还可以发放活页式教材，这些教材能够提供心理指导，帮助学生快速调整心态。学生也可以打印自己寻找到的材料，加入自己想加入的内容，形成学生个性化的教材。

活页式教材的移动性和便携性的优点使其成为实践教学中的理想选择。学生可以根据当天的学习需求只携带必要的教材部分，而不是整本厚重的书籍，这在经常需要在多个地点进行学习和实训时尤为重要。

活页式教材通过其灵活性和即时更新的特点，为高职英语教育中的实践教学提供了强大的支持。它不仅使教材更加符合教育的实用性和应用性的要求，也提高了教学资源的使用效率，最大限度地提升了教育的响应性和实用性。

（二）立体化教材

在当今的教育领域，信息化教学已经成为一种不可逆转的趋势，它为教学提供了前所未有的便利和灵活性。高职英语教学的实践教材也可以利用信息化技术进行开发。立体化教材就是利用信息技术的一种教材，它结合了纸质文本、视频、音频以及在线互动等多种媒体形式，符合现代教育的多样化和技术化趋势，在实践教学中显示出其独特的优势。

传统教材因其固定和时效性的局限在信息化时代逐渐显示出一些不足。传统教材的出版与更新周期长，一旦印刷便难以修改，这对于高职英语教学，尤其是一些快速变化的职业方向来说，显然不能完全满足需求。相比之下，立体化教材的优势在于其高度的灵活性和即时更新能力。这类教材可以通过互联网随时更新内容，添加最新的行业资讯、技术变革和市场动态，从而保证教材内容的现代性和相关性，并且可以不受时间限制，随时随地上传教学材料，这极大地丰富了教学内容。例如，对于酒店管理专业的学生，教材可以针对在实习过程中出现的问题，进行及时总结，上传与酒店接待、客户服务和问题解决相关的视频教学。这些视频具有很强的针对性，能展示面对特定问题时的标准操作程序，通过观看视频学生可以得到及时的指导，了解和学习如何在实际工作中使用英语进行有效沟通，及时解决遇到的困难，实践学习过程也变得顺畅。

立体化教材能够实现多媒体集成，通过视频教学可以展示实际的职业场景，如客户服务交流、技术操作过程等，使学生能够直观地看到职业语言在实际工作中的应用。音频材料可以强化听力和口语练习，如使用 VR 技术可以模拟真实工作环境中的交流场景。此外，在线互动平台则能够提供一个虚拟的交流空间，学生可以在此进行语言实践，与同学或模拟角色进行互动，有效提高语言实际应用能力。

立体化教材在高职英语教学中的应用为学校提供了一种有效的教学形式，它利用信息化教学的技术优势，通过实时更新和多媒体集成，极大地增强了教材的实用性和互动性。这不仅使教学内容与职业实践紧密结合，而且可以帮助学生在心理和技能上更好地适应未来的职场挑战。通过使用这种教材，高职院校能够更有效地培养学生的职业英语能力，满足现代职业教育的需要。

第五章　基于 OBE 理念的高职英语教学评价体系构建

第一节　基于 OBE 理念的高职英语教学评价体系构建必要性

OBE 教学理念核心在于成果或结果的达成。这种理念不仅关注学生学了什么，还关注学生能做什么，即学生通过学习能够达到什么样的技能水平。在高职教育中，实施 OBE 理念教学之后，对于教学的评价体系也应该以结果为导向，直接对接职业能力的培养，以确保教学评价体系能够为教学提供有效的反馈，保证所有的教学活动都紧密围绕预定的学习成果展开，因此要构建基于 OBE 理念的评价体系。

一、传统评价模式的参与度有待提升

传统的高职英语教学评价体系设定良好、结构稳定，这一体系为不同课程和学科提供了一套结构化的评价标准，在一定程度上促进了教学评价的规范性和教学活动的有序进行，为教育评价管理提供了便利。然而，在 OBE 理念指导下，这种传统评价模式显露出一些局限性，尤其是在增强教师与学生参与度方面有待提升。

在传统评价体系中，评价往往由学校领导、资深教师及教务人员构成的小组执行，主要通过课堂观察和学习成果的量化指标来评估教学效果。这种方式强调评价的权威性和客观性，确保了教学评价的标准化和

系统化。然而，在这一过程中教师和学生往往扮演着相对被动的角色。教师在这一体系中主要是被评价的对象，他们的个人教学风格、创新尝试及专业发展需求未能得到充分的关注和支持。同样，学生的参与通常限于完成规定的学习任务和测试，他们的反馈、感受及个性化学习需求也未能充分体现在评价过程中。

此外，传统评价方法虽然能提供全面的教学成果概览，但在一定程度上限制了评价体系在促进教育质量提升方面的潜力，尤其是在培养学生的创新能力和实际应用能力方面。

因此，构建基于 OBE 理念的高职英语教学评价体系显得尤为重要。OBE 理念强调以学习成果为核心，要求评价体系不仅衡量学生的知识掌握程度，更重要的是评估学生将知识和技能应用于实际工作和生活情景的能力。在这种理念下，教师和学生的主动参与显得尤为关键，他们的直接反馈和互动应成为评价体系的重要组成部分。

为此，新的评价体系应设计得更加开放和互动，允许教师根据自身教学实践的反思调整教学策略，鼓励学生通过自评和同伴评价参与教学评价过程。这种评价方式不仅能体现个体差异，更加重视教师和学生的主观经验和创造性表达，也有助于形成一个支持性和发展性更强的教学环境。

建立基于 OBE 理念的教学评价体系，需要引入多元化的评价主体，对教学和学习的成果进行更全面、更深入的理解，以便教师可以更精准地识别和满足学生的学习需求，更有效地激发学生的学习动力，最终实现教育的最高目标——促进每个学生的全面发展和成功。

二、传统评价模式的广度有待提升

在传统的高职英语教学评价模式中，评价多集中于理论知识的掌握程度，而对于实习成绩的评价或者考核往往采用等级（如 A、B、C、D 四个等级）的形式来评估学生的学术表现。这种评价方式虽然可以体现学生对知识的应用和掌握，但却存在一定的局限性，没有明确的实践学习考核指标，对于学生在实习、实践活动中表现的能力评价则缺乏具体和可量化的标准，无法对学生实践结果进行量化分析。因此，评价结果对于实践教学的指导以及实践学习没有很好的反馈作用，这种广度上的缺陷使传统评价模式不能满足高职英语教学评价要求，尤其是不能满足 OBE 理念下的教学评价需求。OBE 理念指导下的高职英语教学强调的是学习成果的具体实现，特别是学生的能力在实际职业环境中的应用，不仅是教授学生语言知识，更重要的是培养学生将这些知识应用于实际工作的能力，如在商务沟通、技术文档撰写等实际职业场景中有效使用英语。而传统评价模式在实践性教学评价的广度和深度上往往难以完全达到这一要求，无法准确量化这些技能和实践能力的发展，难以全面反映学生的职业技能水平和综合素质。

此外，传统评价模式只关注理论或者技能方面的评价与考核，在广度上常常忽视了学生的心理状态、个人软实力发展等其他方面内容。在高职教育中，学生的心理健康、情感发展和社交能力等同样重要，这些因素不仅直接影响学生的学习动力，也会影响学生日后的职业发展。然而，传统的评价模式往往更加关注学术成绩，无法提供关于学生心理和情感状态的深入分析，这使教师难以对学生进行有效的个性化教学和辅导，这显然与 OBE 理念的成果导向教学目标不符。

OBE 理念要求教育评价不仅要反映学生的学术成就，还要衡量学生的技能如何被转化为实际工作能力，以及是否具备职业要求的能力。因此，教学评价在广度上应该具备更广泛的视角，传统的教学评价模式由于过于侧重课堂学习结果，未能涵盖这些方面，因而无法适应 OBE 理念下的教学评价需求。

三、传统评价模式的客观性有待提升

传统的教学评价模式在高职英语教育中有其独特的价值，尤其在融合定性与定量评价方法方面展现了它的多维度视角。定性评价通过深入观察教师的教学方式、课堂气氛和师生互动等非量化因素，提供了关于教学过程的直观理解。定量评价可以通过考试成绩、出勤率等可量化的数据，为教学效果提供了数值上的支持。这种评价模式确实为教育实践提供了全面的评估。

然而，在成果导向教育的框架下，这种传统的评价模式在客观性方面显现出一些不足，这主要是因为评价过程往往依赖评价小组成员的个人经验和主观判断。虽然个人经验丰富的教师或教务人员往往在评价中起到关键作用，但他们的个人偏好、背景和情感可能影响评价的公正性和客观性。例如，倾向传统教学方法的评估者可能无法完全认识到现代教育技术的价值，而推崇创新的评估者可能对传统教学法持批评态度，这种主观倾向可能使评价结果更多地反映出个人偏好而非教学本身的质量。

此外，评价团队内部的意见不一致也可能导致评价结果不准确。在教育观念和价值观存在分歧的情况下，评价结果往往可能倾向那些观点较为强势的团队成员。这样的评价不仅缺乏代表性，也可能无法真实反映教学的全面效果和实际影响。

鉴于这些因素，构建一个更科学、更客观的教学评价模式显得尤为重要。利用现代技术，尤其是大数据和人工智能，可以有效提升教学评价的客观性和准确性，排除主观人为因素的干扰。通过自动化的数据收集和分析，基于数据的评价模式能够从多个维度全面审视教学情况，包括学生的学习行为、课堂参与度、教材的有效利用等。这种方法不仅能够发现哪些教学策略最为有效，还能够以客观数据支持教学改进，为教师和学生提供实时、具体的反馈。例如，通过分析学生使用在线学习平台的互动数据和进度追踪，可以准确地评估学生的学习效果和教学内容的吸引力。此外，利用人工智能技术进行学习分析，可以预测学生的学业表现，及早识别学习困难，从而允许教师及时进行教学干预。

通过这些高度客观和科技驱动的评价手段，可以极大地提升教学评价的公正性和效率，确保评价结果真实反映教学的质量和效果，最终达到提升教学质量和促进学生全面发展的目的。这不仅是对传统评价模式的优化，还是对教学实践的一种现代化和科学化的提升。

第二节　基于 OBE 理念的高职英语教学评价体系构建原则

高职英语教育面临着培养学生实际职业技能的目标。OBE 理念以其强调实际学习成果和能力应用为基础，为现代教育提供了重要的指导方向。传统的教学评价模式已经不适用评价基于 OBE 理念的教学，因此，构建基于 OBE 理念的高职英语教学评价体系显得十分必要。然而这项体系的构建是一个系统化、复杂化的过程，在构建过程中必须坚持一定的原则，这些原则将指导教育者如何设计和实施一个有效的评价体系，确保教学活动能够全面、准确地反映和促进学生的职业技能发展。在基于 OBE 理念的高职英语教学评价体系构建过程中，应该坚持的原则有以下五项，如图 5-1 所示。

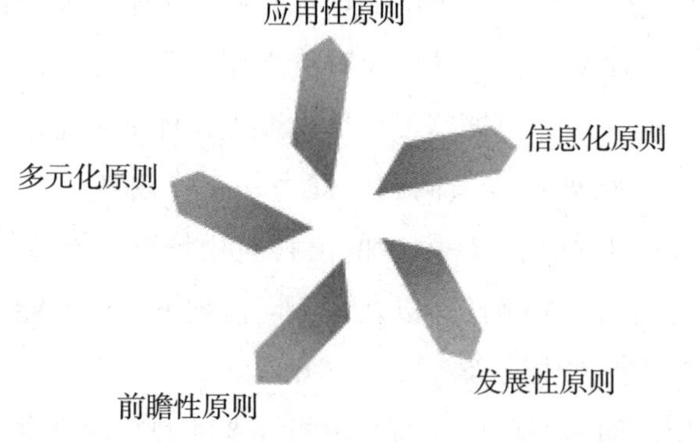

图 5-1　基于 OBE 理念的高职英语教学评价体系构建原则

一、应用性原则

在 OBE 理念指导下，构建高职英语教学评价体系时，应用性原则是应该秉承的重要原则之一。基于 OBE 理念，高职英语以结果为导向进行教学，追求的教育结果是让学生在职场中能够应用所学的知识与技能，达到职业要求，而是否达到了既定的结果以及如何评价这些结果就需要教学评价体系来进行衡量。评价体系的构建应该强调应用性，不仅要考核学生对英语知识的掌握程度，更重要的是评价学生将这些知识有效地应用于实际职业和日常生活情景中的情况，这是确保教育质量与社会需求相匹配的关键，也是评价高职英语教育是否达到既定结果的关键。

具体来说，应用性原则要求在构建评价体系时，应包含大量模拟真实职场情景的测试与评价，高职英语教学对学生而言不仅是一种语言能力的训练，而且是一种职业技能的培养。教学评价体系的构建应注重学生在沟通、技术写作、专业演讲等实际应用职业场景下的英语使用能力，有效地测试学生的英语实际应用能力。评价体系要突出对于实习期间的学习评价，这一环节直接反映了学生将课堂所学知识和技能转化为职场实际操作能力的程度。高职院校可以与实习单位合作，共同制定详细的评价标准，这是确保评价客观性和全面性的关键。评价标准应全面客观，不仅要包含对于工作态度的评价，衡量学生的职业素养，包括守时性、责任心、团队合作精神以及对待工作的主动性和积极性等，也要进行专业能力的评价，根据实习职位的要求，评价学生的专业技能和任务完成质量，包括处理复杂问题的能力、工作效率及对专业知识的应用。另外，还需要特别关注学生的语言应用情况，考查学生在职场中使用英语的流利度、准确性，以及在不同情境下的沟通能力，如客户服务、商务会议和技术说明等。

教师定期访问实习单位，与实习指导老师进行深入交流，是获取学生表现第一手资料的有效途径。这种直接的沟通可以让教师更准确地了解学生在实习中的实际表现，以及他们在应用英语及其他职业技能方面的具体情况。此外，这种交流还有助于教师收集实习导师对学生表现的直接反馈，包括学生的优点和需要改进的地方，从而会使评价更加客观和全面。

二、多元化原则

多元化原则强调在评价过程中采用多样化的评价方法，以全面、准确地衡量学生的学习成果。

多元化原则能够确保评价方式覆盖 OBE 高职英语教学目标的所有方面。高职英语教学的目标不仅包括语言知识的掌握，还包括语言技能的应用、职业技能的培养以及批判性思维和解决问题的能力等其他岗位需求的技能和能力。这些多样化的学习内容与学习成果要求评价方式多样化，以便全面评估学生在这些不同领域的表现。例如，书面考试可以评估学生的语言知识掌握情况，而项目作业和案例分析则有助于评价学生的问题解决能力和实际应用技能。

秉承多元化原则能够促进评价的公正性和客观性。单一的评价方式往往只能反映学生在特定领域或特定时间点的表现，可能无法全面公正地评价学生的真实能力。多元化的评价方法可以从多个角度和多个层面衡量学生的能力，减少偶然因素的影响，提高评价的准确性和公正性。例如，将传统的笔试与口头表达、实际操作和企业评价相结合，可以更全面地了解学生的英语综合能力。

多元化原则支持教学的持续改进和创新。多样化的评价结果可以为教学提供全面的反馈。由于评价体系涵盖了多维度内容，因此可以帮助教育工作者识别教学活动中的盲区和问题，从而不断调整和优化教学策略和内容。

首先，评价方式应该是多元化的，应当涵盖从传统的书面考试到口语表达、实际操作演练、实习考核等多种形式，更真实地反映学生的英语应用能力和综合素质。其次，评价周期应该是多元化的，在 OBE 框架下，教学不仅仅是达到短期的学术目标，更重视对学生长期能力的培养，注重是否符合职业生涯要求。因此，评价不应局限于课程结束时的总结性评价，而应贯穿整个学习过程，包括入学初期的基础性评估、学期中的形成性评价以及结束时的总结性评价。这样的周期性评价有助于教师及时调整教学策略，满足学生不断变化的学习需求，同时监测和促进学生能力的持续发展。最后，评价主体应该是多元化的，这是提高评价客观性和全面性的重要支撑。在传统教学评价中，教师往往是唯一的评价主体。然而，在多元化评价体系中，除了教师的评价以外，同学间的互评、学生的自我评价、行业专家的评价以及来自企业的评价都是必不可少的。这种包括多个视角的评价方式既能更全面地反映学生的实际能力和学习效果，也有助于学生从不同角度了解自身的优势和改进空间。

三、前瞻性原则

在 OBE 理念的框架下，高职英语教学的评价体系构建必须贯彻前瞻性原则。这一原则要求教师既要关注当前的行业标准和职业需求，还要预见未来的变化和趋势，确保教学评价方式、评价内容等与未来职场的实际需求紧密相连，使高职教育能够适应快速变化的全球经济和技术环境，从而提高学生的就业竞争力和职业适应性。

高职英语教育评价的核心目的是衡量学生在真实职业环境中有效使用英语的能力。但是随着全球化的深入发展和信息技术的迅速进步，现代职场的要求也在不断进行变化和更新。例如，随着信息化的发展，越来越多的英语岗位不仅要求员工具备良好的语言沟通技巧，还需要掌握信息化英语能力，要求他们能利用信息化工具进行有效交流，掌握必要的信息化技术操作技能。因此，高职英语教学的评价体系必须具有前瞻性，使学生在校期间就要有计划地提前培养这些技能，并制定相对应的评价标准来衡量这种能力是否达标，而不能滞后于市场需求或岗位要求。

就目前市场和社会发展来看，随着人工智能和机器学习技术的广泛应用，未来职场可能更加重视员工的技术适应能力和创新使用英语的能力。教师应定期与行业专家进行交流，掌握行业动态，预见毕业周期的职场需求变化，并及时将这些新的需求整合到评价体系中。这可能包括新增对数字工具使用能力的评估、对在线协作平台上英语交流效率的评价等，以确保学生毕业时具备应对外部环境所需要的核心能力。

四、发展性原则

在 OBE 理念指导下，高职英语教学评价体系的构建应坚持发展性原则，这一原则强调教学评价应是一个动态的、持续的过程，而非单次或偶发的事件。学生的成长是动态发展的，因此，评价活动不能止于一次的评价，而是需要贯穿教学周期的始终，确保教学活动能实时调整，保证教学评价的连续性和适应性，从而构建一个更为全面和动态的教学评价体系，更好地适应学生的学习需求和动态成长，支持每个学生的发展。

发展性原则支持教师根据学生的即时反馈和表现实时调整教学策略。这种持续的调整有助于教师更有效地应对学生在学习过程中遇到的具体挑战。例如，在评价过程中如果发现学生在某个语法点上普遍存在错误，教师可以即刻安排相关的复习或者增加练习，帮助学生克服这些难题。通过这种方式，教学活动不仅反应灵活，而且更加贴合学生的实际需求。

遵循发展性原则的教学评价有助于增强学生的学习动机。当学生意识到他们的学习进展被教师持续关注，并且能够得到及时的反馈时，他们更能感到被支持和鼓励。这种评价方式通过提供定期的进度更新和正向鼓励，帮助学生保持对学习的兴趣和动力，尤其是在面对学习上的挑战或难关时。

发展性原则促进了学生的深度学习和自我调节学习技能的发展。持续的评价过程促使学生不断地回顾和应用新学到的知识，这种重复的学习活动不仅有助于加深理解和长期记忆的形成，还鼓励学生发展自我评估和时间管理等关键学习技能。这些技能对学生的学术生涯和未来职业发展均具有长远的重要意义。

在技术支持方面，现代信息化工具为发展性评价提供了强大的支撑。利用在线学习管理系统、即时反馈工具和学习分析技术，教师可以实时收集和分析学生的学习数据，更准确地把握和评价学生的学习状态，及时调整教学内容和方法。这些数据不仅可以用于改进单门课程，还能帮助分析教学方法的长期趋势和效果，从而建立一个数据驱动的教学改进环境。

五、信息化原则

在当今的教育环境中，信息化原则已成为高职英语教学评价体系构建中不可或缺的原则。利用现代信息技术可以提高教学评价的效率、透明度和广泛性，从而使评价过程更为科学、可追踪和多样化。

基于成果导向的高职英语教学评价具有多元化的特征，意味着评价方法多种多样，不仅包括传统的笔试和口试，还包括在线测试、电子作业、互动模拟等。信息化技术的运用不仅可以改进传统评价方法，还能引入全新的评价维度和工具，使多样的评价方式成为可能。通过学习管理系统、云平台和移动学习应用等工具，教师可以方便地部署和管理各种类型的评价活动。例如，学生可以通过在线平台完成模拟商务谈判，教师可以实时监控学生的表现，提供即时反馈。这种评价的多样性不仅增加了学习的趣味性，也更全面地测试了学生的实际应用能力。

信息化技术可以一键收集数据并自动生成数据分析，这显著提升了评价的效率，节省了大量的人力和时间，帮助教师迅速汇总和分析评价结果，以图形和报表等多种形式展现，帮助教师和学生更好地理解评价结果和学习成果，从而根据评价结果有针对性地调整教学和学习策略。这种效率的提升，也使教师可以将更多的精力用于教学内容的优化和个别学生的辅导，致力研究如何通过评价结果提升教学效果，而不是将精力放在制作表格、分析数据等耗时费力的工作上。

高职英语教学评价结果的形式不应仅局限于单一的成绩表现，还应包括学生的学习进程、技能掌握情况和实际应用能力等，这些往往需要结合不同评价结果进行综合性分析。信息化技术的应用可以实现这一点。通过针对不同的数据分析和挖掘技术，能够从大量的评价结果中提取出有关学生学习行为和学习成效的多维信息。例如，通过分析学生在在线讨论中的互动频率和质量，可以评估学生的沟通能力和团队合作精神；从实习评价中，可以分析学生理论学习的薄弱之处，从而与不同形式的评价结果产生对应和联系，形成对同一个学生的综合性评价。

通过信息化评价系统，教师可以实时收集和分析学生的学习数据，包括学习时长、论坛参与度和视频观看记录等。这些信息不仅可以用来评估学生的学术表现，还可以洞察学生的学习行为和心理状态。一旦数据模式出现异常，如连续几天未登录学习平台或参与度突然下降，可能预示着学生存在心理压力或其他个人问题，需要教师及时关注和干预。

这种以信息化技术为支撑的评价体系更能适应现代教育的需求，为学生提供更公平、全面和及时的教学反馈，不仅能关注到学生的学习和技能情况，还能关注到学生的心理健康情况，从而推动教学质量的持续提升和教育成果的最大化。

第三节　基于 OBE 理念的高职英语教学评价体系构建途径

一、确立明确的评价目标

在构建高职英语教学评价体系时，设立明确的评价目标是整个评价体系构建的首要步骤。这一步骤至关重要，因为它决定了整个教学和评价活动的方向和侧重点。

为了确保评价目标的客观性、科学性和实用性，以便准确测量学生的学习成效和教学质量，确立评价目标之前需要综合多方面的数据和意见，必须广泛吸纳来自教师、学生、行业专家和学术顾问的意见和建议。教师作为教学活动的直接执行者，对教学内容和学生表现有深入了解，他们可以提供关于哪些教学目标是关键的、哪些评价方法是最有效的等宝贵意见。例如，教师可以基于学生在课堂讨论中的活跃程度和实际语言使用情况，建议在评价体系中提高口语应用或团队项目的比重。

学生的反馈则是评价体系是否公平和有效的直接指标。通过定期开展问卷调查、个别访谈和焦点小组讨论，可以收集学生对现有评价体系的感受及改进建议。例如，学生可能会指出现有的评价体系过于注重书面考试，而忽视了口语表达和实际应用能力的评估。根据学生反馈，可以适当调整评价标准，更加注重实际应用和创新思维的培养。

此外，引入行业专家和学术顾问的意见也极为重要，他们的见解可以帮助教学评价目标保持与职场需求的相关性和前瞻性，确保学生的学习成果能够满足未来职场的需要。这些专家通常会提供关于行业发展趋势的最新信息，以及哪些技能将在未来市场中更加受欢迎，从而帮助高职院校调整教学和评价内容，使之更具前瞻性和实用性。

在综合了这些多方面的反馈后，下一步是确定明确的评价目标。对于这些收集来的意见和建议进行筛选和衡量，衡量标准就是看这些意见和建议是否与高职教育的核心目标，即培养学生的职业能力和市场适应性相契合，以及是否与 OBE 理念相契合。在高职英语教学中，不仅要关注语言知识的传授，还应强调其在职业场景中的实际应用，教学评价目标的设定需要细致入微地考虑，确保与学校的整体教育目标和教学大纲紧密结合，覆盖关键领域，如语言技能、职业素养及实际应用能力等。教学评价目标的制定应直接反映这些实际应用能力的培养情况，确保学生在毕业后能够满足行业需求，具备较强的职业竞争力和适应能力。

传统的结果性评价往往以阶段性考试成绩为主要评价指标，这种方式虽简单，但往往无法全面反映学生的学习进程和真实能力进展。虽然 OBE 教学理念以结果为导向，但是现代教学评价也强调评价的过程性，而非仅仅侧重结果。因此，在 OBE 理念支持的当代教学环境中，还应更多关注学生的学习进程，关注学习进程中学生的学习态度、参与度、创新能力和实践能力的评价，确保高职英语教学评价的科学性和实用性，为学生的职业发展提供有价值的评价反馈。

二、将目标转化为客观的可量化评价标准

在确定了评价目标之后，第二步就是将抽象的教学目标和市场需求转化为具体、可操作的评价指标或者子目标。虽然目标在第一步已经明晰，但是往往比较宽泛，不是可量化的，作为考核的衡量标准来说往往不是很实用，因此，要针对目标进行细化，便于评价的实施和跟踪。这一步骤的关键在于精确界定每一个教学目标，并将其拆分为易于量化和评估的小目标。例如，如果教学目标是提升学生的商务沟通能力，那么可以将其细分为几个更具体的子目标，相应的评价标准可以包括模拟商务谈判的表现评估、商务电子邮件写作质量的评分以及团队项目合作的成果展示等，以确保评价过程中每个标准的可测量性。具体来说，提升学生的商务沟通能力可以细化为以下几个子指标。

电话沟通：通过模拟电话任务，利用评分标准来评估学生的语言正确性（如语法、词汇选择）、沟通效率（如信息的传递速度和准确性）和互动能力（如回答问题的灵活性）。

电子邮件写作：创建一套评分标准，详细评价邮件的格式、语法正确性、商务术语的适当使用以及内容的条理性。

商务会议演讲：评分标准将包括演讲内容的相关性、表达的清晰度、演讲技巧（如声音、姿态）和听众互动等。

这些指标必须是具体的，每一个评价指标都应当有明确的评分细则和标准，以确保评价的一致性和客观性。

对目标进行细化之后，还要针对上述每一个评价指标，设计相应的量化评价方法。这些方法应确保能够客观、公正地评估学生的表现，并能够提供有用的反馈以指导学习过程。

对于电话沟通和商务会议演讲，可以设计具体的模拟场景，让学生在控制环境中执行任务。例如，模拟一个商务谈判场景，让学生扮演不

同的角色，并在此过程中评估其语言使用和沟通技巧。

对于电子邮件写作，可以让学生提交一系列邮件作品，这些作品将作为学生评估的一部分。评估可以基于邮件内容的专业性、格式的正确性和语言的准确性。

这些评价方法不仅提供了量化的成绩评估，而且鼓励学生在实际应用中发展和练习技能。通过这样的实践，学生能够在接近真实的商务环境中学习和进步。

通过细化教学目标和设计量化的评价方法，高职英语教学评价能够更精确地衡量学生的学习成果，提供有针对性的反馈，帮助学生在职业相关的英语应用中取得实际进步。这种方法不仅提升了教学的目标导向性以及结果导向性，还提升了教学评价的透明度和公正性，是建立高职英语教学评价体系的重要步骤。

三、评价标准试运行与完善

在基于 OBE 理念的高职英语教学评价体系构建中，第三个关键步骤是对新设立的评价标准进行试运行与完善。评价标准一旦初步设定，应进行试运行，以检验其有效性和可行性。这一步骤的实施能够确保评价标准不仅在理论上是合理的，而且在实际教学中是有效的和可行的。

在评价标准试运行阶段，应当从多个班级中随机选取几个作为试点班级，这样可以获得广泛的数据和反馈，以评估评价标准的实际效果。试运行应该覆盖不同程度的学生，包括基础班、中级班和高级班，并且包括学生所有应该掌握的技能，如语言实践测试、写作作业评分、口语表达能力评估、实际操作应用能力评估等，以全面测试评价标准的适用性和灵活性。可以选取部分班级实施这些评价标准，收集教师和学生的反馈，对评价标准进行必要的调整和优化。在这一过程中，保持评价体系的透明性和开放性至关重要，确保所有利益相关者都能了解评价标准的设定逻辑和评价方法，从而增强评价体系的接受度和信任度。同时，需要记录和分析评价过程中出现的所有问题，如评价标准的应用难度、学生和教师的适应情况，以及评价结果的一致性和公正性等。

在试运行阶段结束后，应收集参与试运行的教师和学生的反馈。这可以通过问卷调查、访谈、小组讨论等多种方式进行。重点关注他们对评价标准的看法，包括评价的公正性、评价标准的适用性、操作的便利性以及评价反馈的有用性等方面。

从定量的角度进行数据分析，评估评价标准的有效性。这包括分析学生在评价中的表现数据，检查评价结果是否与学生的实际语言能力相符，以及评价标准是否能准确区分不同能力层次的学生。

基于收集到的反馈和数据分析结果，评价标准可能需要进行调整和优化。例如，如果发现某个评价标准对基础班学生来说过于复杂，则需要简化；如果评价结果显示对高级班学生的挑战不足，则需要提高难度。此外，评价方法本身也可能需要调整，以提高评价的效率和准确性。

四、对评价标准的持续评审与更新

在基于 OBE 理念的高职英语教学评价体系构建中，建立一套持续评审和更新的机制可以确保评价体系能够应对教育政策的变化、技术的进步以及市场需求的动态变化，从而保持其长期的有效性和适应性。

教育环境和市场需求是不断变化的，这些变化可能源于新的行业技能需求、教育政策的调整或教学技术的创新。为了应对这些变化，高职英语教学的评价标准不应该固定不变，而需要通过定期的评审来确保评价体系与当前的教育目标和市场实际需求保持一致。这种定期的评审可以帮助教育者识别出评价体系中可能存在的问题或过时的标准，并进行必要的调整。

评审过程需要设定一个合理的评审周期，周期的选择可以根据教学内容的变化速度和行业发展的快慢决定，如每一学年或每两学年进行一次全面评审。

在每个评审周期内，收集来自教师、学生以及行业专家的反馈。同时，应收集相关的教学数据，如学生的成绩、毕业后的就业情况等，以评估现有评价标准的有效性。

定期召开评审会议，邀请教师、管理者、行业代表等参与。在会议中，参与者可以讨论评价标准的当前效果、存在的问题以及可能的改进措施。

基于收集的反馈和评审会议的讨论结果，对评价标准进行必要的调整。这可能包括修改现有的评价指标、增加新的评价项目或是删除不再适用的标准。

对每次调整的效果进行跟踪，以确保做出的改变能够提升评价体系的整体效果。如果调整未能达到预期效果，可能需要再次进行调整。

在整个评审和更新过程中，保持评价体系的透明性和开放性是非常重要的。这不仅能增强教师和学生对评价体系的信任感，也有助于获得更广泛的社会支持和认可。通过公开讨论评价标准的设定逻辑、调整原因和预期效果，所有利益相关者都可以更好地理解评价体系的重要性和其背后的原则。

通过这种动态的调整和优化机制，高职英语教学的评价体系不仅可以更有效地反映教学成果，也能更好地适应教育和行业的发展，从而真正达到提升教学质量和学生学习成效的目标。这种连续的进步和更新是确保教育质量与时俱进的关键。

第四节　基于 OBE 理念的高职英语教学评价体系实践

下面以基于电子档案袋的教学评价以及 CIIP 评价模式构建为例，论述基于 OBE 理念的高职英语教学评价体系在实践中的具体构建。

一、基于电子档案袋的教学改革创新评价体系

（一）基于电子档案袋的教学评价体系的内涵

电子档案袋（e-Portfolios）是基于电子技术，以多媒体形式收集、组织包括音频、视频、图片、文本等在内的档案袋内容。美国电子档案评价方法研究专家海伦·巴莱特（Helen Barrett）在 2000 年提出了一个公式：电子档案袋 = 多媒体开发 + 档案袋开发。2007 年他在美国中学开展了包括英语课在内的多学科电子档案袋研究。2016 年他通过分析 171 名菲律宾大一学生的问卷数据，发现电子档案袋在收集、评价和管理写作成果以及监控学习过程方面有重要作用。在此基础上，2020 年他进一步探究电子档案袋评价对外语写作的影响，发现学生有了更强的受众意识，写作水平的进步情况远远超过使用纸质档案袋评价的学生。

（二）我国基于电子档案袋进行英语教学评价的影响

我国学术界对电子档案袋的研究始于 2000 年，国内不少学者曾做过相类似的研究，研究表明，教师使用电子档案袋可以使学生的听、说、读、写、译各方面能力得到综合提高。比如，我国学者林雯和王志军早在 2006 年将电子档案袋应用于高中英语写作课中，并分为计划、评价、反思三个层面，结果显示使用电子档案袋的学生的元认知能力在计划性、反馈性、总结性等层面上有所提高。2008 年，孙琰和伍忠杰开发了一套电子学习档案袋系统，选择学生感兴趣的话题，要求他们录音并上传至该平台，因此大大促进了中小学生学习外语的热情和兴趣。华南师范大学的汪向征教授重点从教师、学生和家长三个方面开发出了不同模块，更详细论述了电子档案袋在教学应用中需做的具体工作，如制定评价标准，撰写学习日志等。此外，还有不少学者通过使用电子档案袋评价的方式监测学生在英语语音和语法上的准确性，发现经常使用电子档案袋训练的学生发音准确性明显高于不使用电子档案袋的学生。可见，电子

档案袋的使用可以有效提高学生的学习兴趣、反思能力和自学能力。

（三）电子档案袋融入英语教学改革评价的实现路径探索

1. 汲取成功经验，完善自身评价体系

一些国家对教师的评价非常严格，大体可分为入职评价、年度评价、晋升评价、绩效评价、申请终身职务评价等几种形式。教师评价的优势在于既注重了定量考察，又结合了必要的定性评价。我国高职英语教学评价体系应将教师评价纳入其中，在奖惩性评价和发展性评价中保持一定的张力平衡，可以有效地引导教师在教学工作中发挥积极性。

2. 大力推行发展性评价制度，培养教师成就感

激发人的内驱力是挖掘工作潜能的重要因素，所以发展性教师教学评价往往更突出教师个体的参与作用，教师的发展在于完善和提高自身的教学水平，努力使自身价值与学校价值趋于一致。在这种理念指导下，大力推行和应用发展性评价制度无疑是推动教学的有利途径，努力培养教师的自我成就感。

3. 不断创新教学改革模式，与时俱进

当前，外语教学运用多媒体技术、大数据技术、虚拟现实技术等现代化信息手段已不是新鲜事，现代信息技术的优势显而易见，画面鲜活，视野开阔，教法灵活，丰富了教学评价的内涵，也大大促进了教与学融合的有效开展和落实。

二、CIPP 评价模式

CIPP 评价模式是由美国教育评价专家丹尼尔·斯塔弗尔比姆（Daniel Stufflebeam）于 20 世纪 60 年代提出的。该模式包括四个评价阶段：背景评价（Context evaluation）、输入评价（Input evaluation）、

过程评价（Process evaluation）、成果评价（Product evaluation）。

第一阶段，背景评价，即确定课程计划实施机构的背景、明确评价对象及其需要、明确满足需要的机会、诊断需要的基本问题、判断目标是否已反映了这些需要。背景评价强调应根据评价对象的需要对课程目标本身做出判断，看二者是否一致。

第二阶段，输入评价，主要是为了帮助决策者选择达到目标的最佳手段，而对各种可选择的课程计划进行评价。

第三阶段，过程评价，主要是通过描述实际过程来确定或预测课程设计本身或实施过程中存在的问题，从而为决策者提供修正课程计划的有效信息。

第四阶段，成果评价，即要测量、解释和评判课程计划的效果。它要收集和结果有关的各种描述与判断，把它们与目标以及背景、输入和过程反面的信息联系起来，并对它们的价值和优点做出解释。

概括地讲，背景评价就是在特定的环境下评定其需要、问题、资源和机会；输入评价是在背景评价的基础上，对达到目标所需的条件、资源以及各备选方案的相对优点所做的评价，其实质是对方案的可行性和效用性进行评价；过程评价是对方案实施过程中连续不断地监督、检查和反馈；结果评价是对目标达到程度所做的评价，确保人们需要满足的程度等。这四种类型的评价目的、方法与功效各不相同。在 CIPP 评价模式的运用中，评价者可根据需要采用不同的评价策略，既可以在方案实施前使用，也可以在方案实施中使用，既可以实施一种评价，也可以实施几种评价。这完全取决于评价者的需要，它是一种十分灵活的模式。

基于 CIPP 评价模式，可以拟定针对英语教学进行评价的问卷调查。例如，背景评价包括教学前的准备、教师的业务素质、教学态度等；输入评价包括教学导入，培养学生的自主、合作和探究能力，教学方法，教学重难点，教学信息化手段的应用等；过程评价包括教学的广度和深度、教学内容的科学性和连贯性、教学进度、课程思政等；成果评价包括师生关系、学生成绩、授课效果、教学评价体系等。

第六章 基于 OBE 理念的广西高职教育实践探索

第一节 广西高职开展面向东盟国家就业的校企合作

2023 年 12 月 27 日至 28 日在北京举行了中央外事工作会议。会议要求，当前和今后一个时期，对外工作要以习近平新时代中国特色社会主义思想特别是习近平外交思想为指导，对标中国式现代化目标任务，坚持自信自立、开放包容、公道正义、合作共赢的方针原则，围绕推动构建人类命运共同体这条主线，与时俱进加强战略部署，深化完善外交布局，突出问题导向，运用系统思维，更加立体、综合地明确外交战略任务，以更加积极主动的历史担当、更加富有活力的创造精神，开创中国特色大国外交新局面。

以广西高职学生就业导向为例，我国广西与东盟国家的文化交流与合作出现新局面，面向东盟就业已成为广西职业教育发展的新趋势和新动力。目前广西正利用自身优势，开展协同企业走出去行动，支持东盟国家发展产业、发展职业教育。例如，柳州某技术学院主动服务某汽车公司在印度尼西亚的生产，开展该汽车公司印度尼西亚生产线人才培养培训；广西另一家职业技术学院则积极配合广西农业企业走进东盟国家，在东盟国家建立农作物优良品种实验站，开展校企合作共建生产实训基地，实现了 128 个农作物品种的选育和推广。可见，广西和东盟各国的文化交流与企业合作为高职学生就业开拓了更广阔的前景。

此外，随着中国经济的转型升级，东盟国家的工业化和城镇化加速推进，广西建立了中国—东盟区域发展协同创新中心、中国—东盟职业教育研究中心等多个智库。

目前，广西还重点建设了中国—东盟金融与财税人才培训中心、中国—东盟农业人才培训中心等 9 个国家级教育培训基地，为东盟国家培训了农业、语言、行政管理、医药、艺术等领域的专业人才达 7000 多人。在多个领域实现了以职业导向为原则的定向培养。每年 9 月至 10 月在广西南宁召开的中国—东盟博览会就是一个经济文化为一体的综合性展览，也为各国艺术家面对面交流搭建了很好的平台。

第二节 广西高职英语“产教融合”模式探索

2022 年 12 月在北京召开的全国职业教育大会上，深入学习贯彻党的二十大精神，强调了职业教育在服务国家战略、支持产业升级和促进就业创业中的重要作用，并提出了深化产教融合、推进职业教育数字化转型等具体举措。会议指明了职业教育的“长生”之道：要结合我国本土的特色，确立产教融合的科学机制，以服务区域发展为导向，力争取得新的突破。

产教融合（工学交替模式），是指产业部门和教育部门之间，在实际生产经营过程和教育教学活动之间建立密切的关系，共同完成人才的培养任务。产教融合是世界各国职业教育的普遍规律，也是我国职业教育的基本特征。

《教育强国建设规划纲要（2024—2035 年）》中明确提出，要全面构建“产教融合的职业教育体系”。近年来，随着产教融合的深度推进，校企合作呈现出多元发展的格局，校企协同育人模式也日益成熟。

在校企合作方面，德国“双元制”职业教育模式被誉为“德国经济腾飞秘密武器”。“双元制”模式有以下几大优势。一是根据企业人才需求设置课程，通过深度参与“双元制”教育体系，企业能够根据自身需求精准定制并培育高素质技能人才，为企业的长远发展筑牢坚实的人才根基。这种理念不仅有助于塑造企业良好的社会形象，从长远视角看，还能为企业带来丰厚的经济效益。二是重视“双师型”教师培训的同时关注“学徒制”培养模式。当企业学徒人数达到一定规模（通常为 16 人及以上）时，企业必须配备全职的企业培训师，以保证培训师有充足的时间和资源对学徒进行全方位指导。这一规定不仅体现了德国对职业教育质量的严格把控，也凸显了企业在培训学徒过程中所肩负的重要责任。事实上，学徒在培训期间还能为企业创造一定的价值，实现企业与学徒的“双赢”局面。此外，给学生提供去优秀企业亲身体验的机会，近距离领略先进企业在技术创新、产品研发和工业生产等方面的卓越成就。这种直观且生动的教育方式，不仅成功激发了学生对科技和工业领域的浓厚兴趣，而且为他们未来的职业规划与选择提供了极具价值的参考。三是德国完善的法律体系为企业参与职业教育提供了有力保障，有力地推进了德国工业现代化进程。德国的《联邦职业教育法》和《职业教育条例》对企业参与职业教育做出了明确的约束和要求。《联邦职业教育法》详细规定了企业在职业教育中的责任与义务，涵盖众多细致的约束和指导原则，以此确保职业教育的高质量实施。同时，法律法规明确赋予企业在职业教育中的权利，如参与课程开发、教学评估等，还构建了各级政府、职业学校、企业等职业教育相关主体的责任追究机制。

我国职业教育要推动产教融合促进经济发展，政府必须以充足的财政投入支撑职业教育的发展，建立政府、院校、企业的成本分担机制，以完善的政策和法律体系保障职业教育的发展。职业院校要了解当前和预测未来企业技能人才需求状况，培养符合实际要求的复合型、创新型、技能型人才，加强“双师型”教师队伍建设。企业应主动参与校企合作，以充分的实践教学促进产业创新人才辈出，积极承担社会责任义务。

从高职院校建设角度看，学校要积极主动地融入产教融合的浪潮，切实建立与之相适应的运行机制。例如，学校可以搭建毕业设计及“双创”等典型项目平台，组建由思政课教师等公共课教师与专业课教师共同参与的跨学科项目团队，开展项目式学习，并邀请经验丰富的企业导师加入团队，为教师和学生提供专业的行业指导和建议，共同探讨项目方向、技术实现及市场推广等关键问题；学校要常态化组织学生前往企业参加移动课堂实践活动，让学生亲身感受企业的实际环境，深化理论与实践的融合，使学校课程能够更好地服务于生产实践，实现学生与企业需求的无缝对接，为学生未来职业生涯的全面发展提供有力支持，深度促进产学研融合。

从产业与企业层面来看，企业尤其是行业头部企业，应强化社会责任意识与战略导向思维，深刻认识到投身职业教育与人才培养不仅是践行社会责任的重要举措，也是推动企业可持续发展的战略抉择。企业培训部门应定期开展职业体验活动，搭建起学生近距离感受职业魅力的桥梁，并将此类活动纳入职业教育活动体系。同时，依托现有学校牵头成立职业教育集团，企业应进一步探索深度参与职业教育的创新路径，构建全方位、多层次的产教融合生态系统。在提供职业体验的基础上，更深入地参与课程设计、实习实训、师资培训等关键环节，共同开启人才培养与产业升级相互促进、协同发展的崭新篇章。

第三节　广西某职业技术学院“产教融合”发展案例

一、立足区域发展，产教融合，实现就业导向

广西区域型人才培养目标是立足广西北部湾、服务“三南”（西南、华南和中南）、沟通东中西、面向东南亚，以开放合作促开发建设，努力建成中国—东盟开放合作的物流基地、商贸基地、加工制造基地和信

息交流中心，成为重要的国际区域经济合作区。

近年来，广西某职业技术学院积极采取切实措施，确保高就业率成为新常态：注重就业指导，强化学生就业创业意识；一把手抓就业，确保创新创业方向正确；配人员拨经费，确保就业工作稳步推进；完善制度建设，确保就业工作有法可依；完善评价指标，确保就业工作规范推进；创业带动就业，确保就业水平高位运行。

该职业技术学院在现有的条件下，尝试由“校企合作嵌入式发展”向“校企合作一体式发展”的转变。比如，该学院与进驻南宁的某企业开展了深度合作；其艺术学院充分依托中国包装设计协会广西分会与广西某传媒集团在校内联合开办了装潢设计技术专业实训基地；其商学院分院与广西某股份有限公司共同创建成立了丝绸文化展示馆，并建立了某线上旗舰店，由创业班学生全程参与该旗舰店的日常维护和管理，形成了“线上销售线下展示”为一体的 O2O 运营模式；其旅游学院与南宁某旅行社合作推行区域旅游教育资源共享机制，与南宁某酒店合作共同制定人才培养标准和课程设置；其电子商务专业为代表的工商管理与房地产分院，建立了校内外实训基地，实现“教学场景货场化，课堂组织企业化”；其国际学院与越南、马来西亚和泰国等东南亚国家均建立了交换生实习基地；其机电学院与南宁某汽车管理有限公司已达成合作意愿，规划再建成一个 4S 店，并为 10 种以上品牌汽车提供高质量的售后服务。目前，该学院已与香港高峰进修学院签约共建“桂港现代职业教育中心”人才培养及实训基地。

该学院各分院从专业特点出发，构建了教学场地与生产环境一体、培养目标与企业人才需求一体、教学内容与项目开发一体的“三位一体”人才培养环境，将生产与教育高度契合，构建了学生职业综合能力训练体系，从课程教学、校园综合训练、企业实践、社会服务四个渠道将社会能力、方法能力的培养落实到传统文化、职业礼仪、职业心得、信息收集处理、外语、沟通、创业实践等训练中，形成了近 20 门职业综合能力的特色课程。

二、创新教学体系，将就业导向贯穿高职学生生涯

（一）大胆探索，创新课程体系

该职业技术学院根据高职教育特点将就业指导课程分为职业生涯规划、创新创业教育、就业实战指导三大板块，就业导向的职业生涯规划贯穿全程。由学生处牵头，辅导员具体指导，让学生制订个人的职业生涯规划，让学生成为职业规划的真正主人。

该职业技术学院很多分院在大一学年就开设了“创新创业学”，在大二学年开设小班培训及创业街实践，在大三学年针对有创业意愿的学生进入创业实训中心，专门辅导，进行孵化，形成了全覆盖分层次的创业教育体系。

每个分院在大三学年都开设了就业实战必修课，主要针对自荐材料编写、模拟面试、职业礼仪等内容进行切实有效的实战演练。

（二）建立完善的就业咨询体系

该职业技术学院在加强“面对面”就业咨询工作的同时，充分利用电话、网络（其中包括校园管理的微博、微信）等新平台，开通就业指导咨询热线、在线交流等新途径，提供全方位就业服务，解决毕业生在择业中遇到的各种问题。

（三）建设专业化的就业指导教师队伍

该职业技术学院拥有 100 人以上的高素质就业指导团队，保障了就业指导工作的有效开展。目前，这支队伍在大学生的就业指导和职业生涯规划教学咨询、测评、辅导、实践等工作中发挥着重要的作用。

（四）加强毕业生跟踪调查和就业典型宣传

该职业技术学院通过跟踪调查，了解学院的人才培养质量和社会认

可度，及时将社会对人才素质的要求和建议反馈给学院，便于学院及时调整、改进专业结构和人才培养方案。坚持市场调研，做到“围绕市场抓行业、抓企业、为不同企业推荐合适的人才”。创新体制机制，成立“大学生创业实训中心”，开展全方位创业教育和服务，提升学生创新创业能力。

该职业技术学院在 2013 年首创广西高职院校第一个“创业班”。电子商务创业园作为创业班的创业基地，孵化了一批创业精品项目。

该职业技术学院还建立了大学生实体创业中心，累计完成大学生创业教育 5000 人次以上，创业实践获益达 2000 人次，创业项目 40 余个。

三、就业质量高，区域经济势头好

对该职业技术学院毕业生抽样调查结果显示，毕业生初次就业岗位的专业对口率始终保持较高水平，用人单位对毕业生的操作能力满意度高。该职业技术学院有近 70% 的毕业生在广西就业，为南宁的经济发展提供了大批高端技能人才。

先进制造业和现代服务业是职业教育发展的重点和专业领域，教育部门将和众多知名企业一起推进中国职业教育的改革、发展和创新。不仅要做好与校企合作的模式创新，还要做好与企业内涵上的对接，包括社会能力的培养与企业文化、课程专业设置与职业标准、专业教师与技术人员、实训基地与生产车间等方面。2023 年 5 月 29 日，习近平总书记在中共中央政治局就建设教育强国进行第五次集体学习时指出，要把服务高质量发展作为建设教育强国的重要任务。建设教育强国、科技强国、人才强国具有内在一致性和相互支撑性，要把三者有机结合起来、一体统筹推进，形成推动高质量发展的倍增效应。要进一步加强科学教育、工程教育，加强拔尖创新人才自主培养，为解决我国关键核心技术攻关提供人才支撑。要系统分析我国各方面人才发展趋势及缺口状况，根据科学技术发展态势，聚焦国家重大战略需求，动态调整优化高等教育学科设置，有的放矢地培养国家战略人才和急需紧缺人才，提升教育对高质量发展的支撑力、贡献力。要统筹职业教育、高等教育、继续教育，推进职普融通、产教融合、科教融汇，源源不断地培养高素质技术技能人才、大国工匠、能工巧匠。

参考文献

[1] 刘香萍，周红梅 . 基于 OBE 理念的专业与课程建设 [M]. 北京：北京理工大学出版社，2022.

[2] 杨子元 . 基于 OBE 理念人才培养体系的构建与探索 [M]. 西安：陕西科学技术出版社，2021.

[3] 朱正伟 .OBE 理念下信息类人才“一体四翼”特色培养方法案例集 [M]. 成都：电子科技大学出版社，2017.

[4] 于深 . 基于 OBE 教育理念的专业与课程建设 [M]. 北京：知识产权出版社，2020.

[5] 边虹霞 . 产出导向（OBE）理念与英语教学 [M]. 长春：东北师范大学出版社，2020.

[6] 王贵林，徐章华 .OBE 理念下的六步教学法研究与实践 [M]. 广州：暨南大学出版社，2022.

[7] 戴红，蔡春，黄宗英 .OBE 教育理念下三全育人理论与实践 [M]. 北京：知识产权出版社，2019.

[8] 张坤朋，杨利玲 . 基于 OBE 理念的“四轮驱动”应用型人才培养模式探索与实践 [M]. 郑州：郑州大学出版社，2019.

[9] 杨修平 . 高职英语课程育人 [M]. 北京：电子工业出版社，2020.

[10] 严中华 . 学习成果导向高等职业教育专业与课程开发指南：基于 OBE 专业认证与高水平建设 [M]. 北京：清华大学出版社，2020.

[11] 郑丽，郭彦丽 . 以学习成果为导向的商科专业课程群建设 [M]. 北京：对外经济贸易大学出版社，2020.

[12] 邹雯 . 基于成果导向的高职英语教学改革研究 [M]. 北京：中国原子能出

版社，2023.

［13］杨琳．成果导向课程体系的构建、开发与实施 [M]. 北京：冶金工业出版社，2020.

［14］巩建闽．高校课程体系设计研究：兼论 OBE 课程设计 [M]. 北京：高等教育出版社，2017.

［15］杨岑．基于“产出导向法”的 ESP 教学研究：以涉海 ESP 课程为例 [M]. 长春：吉林人民出版社，2021.

［16］张文娟．产出导向法理论应用的行动研究 [M]. 北京：外语教学与研究出版社，2022.

［17］王秋．高职英语课堂混合式教学研究 [M]. 长春：吉林人民出版社，2020.

［18］高嘉玮，李花．基于 OBE 理念的高职英语“双线混融”教学设计与实践 [J]. 海外英语，2024（18）：207–209.

［19］廉东昌 .OBE 理念下高职英语混合式教学策略研究 [J]. 湖北开放职业学院学报，2024，37（16）：176–177，180.

［20］卢珊珊．基于 OBE 教育理念的高职英语课程教学设计研究 [J]. 海外英语，2024（15）：219–222.

［21］翁丽萍．基于成果导向的高职院校英语教学改革研究 [J]. 海外英语，2024（13）：232–234，237.

［22］季瑞婕 .OBE 理念下高职老护专业公共英语课程重构与设计探索 [J]. 中国教育技术装备，2024（10）：49–51.

［23］廖素清，伍芹之，闫娟，等．高职商务英语专业 1+X 课证融通课程体系的条件支撑研究 [J]. 现代职业教育，2024（10）：141–144.

［24］崔娟娟．基于 OBE+BOPPPS 高职英语智慧课堂构建研究：以超星学习通平台为例 [J]. 辽宁高职学报，2024，26（1）：47–50.

［25］袁凌燕．新时代高职商务英语专业课程模式研究 [J]. 教育教学论坛，2024（3）：157–160.

［26］汤素娜．基于 OBE 理念的高职商务英语听说课程思政教学实践 [J]. 对外经贸，2023（12）：111–114.

[27] 朱燕华，王成妃，程海峰 . 基于 SPOC 的高职英语混合教学质量评价指标体系构建与实践 [J]. 襄阳职业技术学院学报，2023，22（6）：7-11.

[28] 李妍 . 职业技能大赛英语口语赛项备赛质量提升策略：以新疆职业大学为例 [J]. 新疆职业大学学报，2023，31（4）：40-43，65.

[29] 黄艳，孙晨婷 . 基于 OBE 的跨境电商英语混合式教学模式探析 [J]. 郑州师范教育，2023，12（6）：88-91.

[30] 刘军霞 . 基于 OBE 理论的高职英语教学自主学习能力培养分析与对策：以运城幼儿师范高等专科学校为例 [J]. 海外英语，2023（21）：226-228.

[31] 杨倩 .OBE 理念下的高职英语金课建设路径探索 [J]. 英语广场，2023（32）：111-114.

[32] 张铁英 .OBE 教育理念下的高职英语课程思政教学实践研究 [J]. 现代职业教育，2023（28）：133-136.

[33] 连荣 . 基于 OBE 理论高职师范生人才培养路径研究：以运城幼儿师范高等专科学校小学英语教育专业为例 [J]. 海外英语，2023（17）：177-179.

[34] 柳知含，王渊龙，姚超 .OBE 理念下美育在高职英语课程中的探索与运用 [J]. 英语广场，2023（24）：62-65.

[35] 赵洪霞 .OBE 理念下高职外语课程开展思政建设研究 [J]. 辽宁高职学报，2023，25（8）：85-88.

[36] 任朗颖，李新 .OBE 理念下的高职公共英语“四化”课堂构建 [J]. 岳阳职业技术学院学报，2023，38（4）：26-29.

[37] 廖治敏 . 基于 OBE 理念的高职大学英语教学改革 [J]. 职业教育，2023，22（14）：46-48，74.

[38] 舒亚莲 .OBE 教育理念对“一带一路”背景下高职英语口语教学的启示 [J]. 现代职业教育，2023（11）：37-40.

[39] 张辰昀 . 基于人工智能技术的高职英语教学系统的构建 [J]. 湖北开放职业学院学报，2023，36（6）：143-145.

[40] 冯青 . 数字化背景下高职公共英语成果导向教育实践研究 [J]. 浙江交通

职业技术学院学报，2023，24（1）：47–51.

［41］张金龙 .OBE 理念下高职英语教学改革研究 [J]. 辽宁高职学报，2023，25（2）：44–47.

［42］高原 .OBE 理念下高职英语口语课堂教学改革创新研究 [J]. 海外英语，2023（2）：199–201.

［43］张静，贺月娟，李会 . 新课标背景下高职英语职业能力培养实践研究 [J]. 英语广场，2023（3）：81–84.

［44］刘会霞 . 基于 OBE 理念的职业英语教学改革与创新研究 [J]. 普洱学院学报，2022，38（5）：132–134.

［45］黄跃进 . 成果导向教育理念下高职英语学习者个人情绪分析：以“跨境电商”的混合学习为例 [J]. 黑龙江教育（理论与实践），2022（10）：31–34.

［46］李薏坤 . 基于 OBE 理念的高职院校“跨文化交际”课程的探索与研究 [J]. 连云港职业技术学院学报，2022，35（3）：89–92.

［47］赵方，熊晓春，陈永忠 .OBE 教育理念下的大学英语教学评价模式构建 [J]. 海外英语，2022（18）：159–160，163.

［48］赵书田 . 基于 OBE 理念的高职英语教学改革方案及实践 [J]. 海外英语，2022（17）：238–240.

［49］赵亚玲，陈雯，卢魁 . 基于成果导向的高职英语项目化教学探索：以《高职基础英语》为例 [J]. 邢台职业技术学院学报，2022，39（4）：15–19，44.

［50］曹姗姗，黄娟 .OBE 理念下的高职学生多元文化能力培养研究 [J]. 武汉船舶职业技术学院学报，2022，21（2）：83–85，92.

［51］赵晓莉 . 融入课程思政元素的高职英语混合式教学模式探究 [J]. 山西经济管理干部学院学报，2022，30（2）：93–96.

［52］席颖 . 疫情时期基于 OBE 理念的综合英语在线课程设计与实践研究 [J]. 新余学院学报，2022，27（3）：118–124.

［53］谷小泽 . 基于蓝墨云班课的 OBE 教学模式在高职英语教学中的应用研

究：以《空乘服务英语》为例 [J]. 英语广场，2022（15）：78–81.

[54] 倪焕敏，徐黎明 . 基于 OBE 的高职教育课堂教学改革的内涵、原则和价值研究 [J]. 卫生职业教育，2022，40（10）：37–39.

[55] 包晗 . 基于 OBE 理念的高校英语研究热点及趋势分析 [J]. 高教学刊，2022，8（11）：81–84.

[56] 陈丹丹 . 基于 OBE 的高职英语阅读课程教学模式应用研究 [J]. 海外英语，2022（7）：198–200.

[57] 陆佳佳 .OBE 理念下高职英语“三化”评价机制的构建 [J]. 海外英语，2022（6）：213–214.

[58] 刘洋，兰聪花，马炅 . 电子档案袋评价与传统教学评价的比较研究 [J]. 电化教育研究，2012，33（2）：75–77.

[59] 毕小栋，杨晓宇 . 克拉申二语习得理论对幼儿英语教育的意义 [J]. 和田师范专科学校学报，2006，25（1）：129–130.

[60] 袁可 . 德国“双元制”职业教育模式对我国高职教育的启示 [J]. 职教通讯，2021（9）：122–127.

[61] 崔驰，陈新忠 . 德国“双元制”职业教育产教融合的特点及启示 [J]. 继续教育研究，2021（8）：79–83.

[62] 邓晓珂 . 基于 OBE 理念的混合式教学在中职《计算机网络技术》课程中的研究与实践 [D]. 济南：山东师范大学，2024.

[63] 张紫藤 . 产出导向下地方院校师范生教育实践能力及其培养问题研究 [D]. 延安：延安大学，2024.

[64] 柳沂辰 . 产教融合背景下 A 高等职业院校专任教师职业胜任力提升研究 [D]. 重庆：重庆理工大学，2024.

[65] 张浩浩 . 基于 OBE 理念的多模态教学模式在高中英语阅读教学中的应用研究 [D]. 西安：陕西理工大学，2024.

[66] 兰淑芬 .OBE 理念下高中生英语书信写作能力研究 [D]. 沈阳：辽宁师范大学，2022.

[67] 赵迪 . 基于 OBE 理念的高中信息技术混合式教学策略研究 [D]. 广州：广

州大学，2021.

[68] 赵倩 . 基于 OBE 的中职校翻转课堂教学改革与多维数据分析研究 [D]. 南充：西华师范大学，2021.

[69] 陈楠 . 基于 OBE 理念的高职旅游管理专业课程体系构建研究 [D]. 南昌：江西科技师范大学，2020.

[70] 么蕊 .OBE 理念下广西高职院校高尔夫专业课程体系构建研究 [D]. 桂林：广西师范大学，2020.

[71] 陈昊焴 . 基于 OBE 理念的高职课程诊改的设计研究 [D]. 南京：南京师范大学，2019.